國立暨南大學法律叢書
影印本編輯委員會

國立暨南大學法律叢書

戰時國際公法

影印本

【鄭允恭 編著】

暨南大學出版社
JINAN UNIVERSITY PRESS
中國·廣州

圖書在版編目（CIP）數據

戰時國際公法/鄭允恭編著. —影印本. —廣州：暨南大學出版社，2017.8
（國立暨南大學法律叢書）
ISBN 978-7-5668-2166-9

Ⅰ.①戰…　Ⅱ.①鄭…　Ⅲ.①國際公法—研究　Ⅳ.①D99

中國版本圖書館CIP數據核字（2017）第183720號

戰時國際公法（影印本）
ZHANSHI GUOJI GONGFA （YINGYINBEN）
編著者：鄭允恭

出 版 人：徐義雄
策劃編輯：李　戰
責任編輯：鄧麗藤
責任校對：劉雨婷
責任印製：湯慧君　周一丹

出版發行：暨南大學出版社（510630）
電　　話：總編室（8620）85221601
營銷部（8620）85225284　85228291　85228292（郵購）
傳　　真：（8620）85221583（辦公室）　85223774（營銷部）
網　　址：http: //www.jnupress.com
排　　版：廣州市天河星辰文化發展部照排中心
印　　刷：佛山市浩文彩色印刷有限公司
開　　本：787mm × 1092mm　1/16
印　　張：16.25
字　　數：140千
版　　次：2017年8月影印本
印　　次：2017年8月第1次
定　　價：52.00圓

影印本叢書總序

國是穩固有序，百姓安康樂業，關鍵在於法治。近代以降，中華法律人篳路藍縷，以啓山林，革故鼎新，薪火相承。

暨南法科肇始於一九二七年，承傳播中華法律文化之志，先知先行，汪翰章、石頴、李謨、黄景柏、王人麟、韋維清、鄭允恭等大家鴻儒躬耕不輟，集數年之功，一九三〇年始由上海大東書局連續出版『國立暨南大學法律叢書』和『國立暨南大學法學院叢書』等系列著述，一九三一年起編輯出版《政治經濟與法律》集刊，爲中國法治奔走呼號。

然而，國運坎坷，未待國民政府實質建立社會規範，即遭強敵入侵。暨南法律人的法治夢想與國人同，始於社會動盪，夭於炮火硝煙。改革開放以來，撥亂反正，國是民生步入正軌，法治夢想重獲新生。一九八七年暨南法科順勢復辦，人才漸集，新一代暨南法律人扎根嶺南大地，承前人之志而奮起，歷三十載育六千桃李，輸送了一批又一批法治棟樑，聲播華夏、教澤五洲。

從一九二七年至二〇一七年，暨南法律人風雨兼程、上下求索，暨南法科幾經沈浮而終涅槃再生，重振輝煌。值暨南法科九十華誕之際，特將『國立暨南大學法律叢書』部分著述及《政治經濟與法律》第一卷付梓影印，以銘記先輩開拓之功，激勵同仁尚法之志，並啓迪後人前行之路！

是爲序。

朱羿錕

二〇一七年七月十日

國立暨南大學法律叢書

戰時國際公法

上海大東書局印行

國立暨南大學法律叢書 戰時國際公法 目錄

國立暨南大學法律叢書

戰時國際公法

第一編 總論

第一章 戰爭之概念

第一節 戰爭之定義

國家欲挫折他國之抵抗力以貫徹其主張則可施用平時所不許之加害手段而發生異於平時之國際權義關係此項平時所無之狀態在於二或二以上之國家間者謂之戰爭直接在此狀態之國家即爲互相敵對之交戰國間接關涉此狀態之國家即爲不參與戰爭之中立國今更分析說明如次

(一)戰爭者國家間之狀態也

國際法上之戰爭或以爲國家間之狀態或以爲國家間之兵力爭鬥學說分岐

各是其是。而多數學者以爲國家間之兵力爭鬪。第國際法上之戰爭概念。應採最足以說明現今國際法上之現象者。而最足以說明現今國際法上之現象者。莫善於狀態說。國際法鼻祖格洛邱斯夙倡戰爭狀態說。其定義戰爭曰「戰爭者用强力處理紛爭之狀態也」。此定義中兼含私人間之爭鬪。在現今國際法上原亦不足取爲戰爭之完善定義。惟其以戰爭爲國家之狀態一點。可謂得要。故學者頗稱之。

(二)戰爭者。二或二以上國家間之狀態也。

國際法上之戰爭。爲國家間之狀態。而非個人間之狀態。惟因個人與國家間有密切之關係。一交戰國可認他交戰國之國民爲有敵性耳。古時各交戰國之國民。匪特他交戰國視之爲敵人。他交戰國之國民。亦視之爲敵人。故戰爭不僅爲國家間之狀態。並亦認爲個人相互間之狀態。夫交戰國之國民。互視爲戰爭之當事人。則戰爭慘酷之禍。必至波及私人。何則。一交戰國國民之身體財產。可爲他交戰國國民所加害或奪取故也。至於十八世紀中頃。戰爭觀念。全然相反。盧梭之社會契約論中有曰。「戰爭非人與人之關係。乃國與國之關係也。戰爭不以人爲敵。不以一國之國民爲敵。惟偶然以兵士爲敵。國家可以他國爲敵。不可以個人爲敵。國家與個人異其性質。其間不能成立眞實之關係。」一八〇一年法國捕獲審檢所開廷之際。法國之有名法律家兼政治家卜他列斯採用盧梭之說。謂戰爭爲國家間之關係。而非個人間之關係。故視交戰國之國民爲敵人者。不以其國民資格。而以其兵士資格也。當時此項新說。流傳不廣。觀於馬丁斯克留白開恩威登馬銀等均採舊說。則十九世紀之前半。舊說尚視爲當時之國際法規。從可知矣。然至十九世紀後半。新說始盛行於歐陸諸國。惟英美學者。猶壘守舊說而不變。兩交戰國個人相互間之關係。原則上仍視爲在於敵對之關係。今如欲最能說明現今國際法上之現象。則可求之舊說與新說之間。得一折衷觀念。卽戰爭爲國家間之關係。然因交戰國與其國民之實際密切關係。一交戰國可以他交戰國之國民爲敵。與以直接間接之影響。卽在戰爭之必要範圍內。個人有敵性也。蓋現今之國家。殆無反乎多數國民之意思而開戰者。戰爭中國家抵抗力之資源。須賴國民而戰爭之終結。亦隨國民之輿論而有遲速。由此可知國家與個人之關係甚密切。但個人所受戰爭之影響。當止於戰爭上之必要程度。且以人道及其他之思想爲其限制。而必要與限制。隨國民之爲交戰者與否而異。加害之方法及程度。從而亦各不同。若夫交戰國之國民相互間。不因戰爭而生直接敵對之關係。是故戰爭非個人間之關係云者。不可不認爲正當矣。

又戰爭爲國家間之狀態云云。決非否認交戰團體爲戰爭當事人之資格。交戰團體雖不備國家之資格。而事關戰爭。宛如國家。亦認爲權義之主體。適用國際法之規則。第戰爭爲國際法主體間之狀態。而國際法之主體以國家爲原則。故可謂戰爭爲二或二以上國家間之狀態也。

(三)戰爭者**承認施用平時所不許之加害手段**之狀態也。

既在戰爭狀態。則交戰國可施用平時所不得施之加害手段。而加害手段之著焉者。在於以兵力害敵。而以兵力害敵。原不必限於戰爭狀態。平時復仇之際。亦許用兵力。惟平時復仇所能用之加害手段。不得逾越一定之方法及程度。且既達救濟之目的。則須停止復仇行爲。然在戰爭狀態。則苟不抵觸國際法規及條約。可施用一切加害手段。甚至征服對方國而合併之。亦無不可。雖然。國際法上戰時所施之加害手段。固有限制。一面以正式兵力對抗敵之正式兵力爲原則。一面以人道義俠利己等種種之動機。承認種種加害手段之限制。此項限制。爲戰時國際法之重要部分。不可不加意研究。

(四)戰爭者。國家欲挫折他國之抵抗力。以貫澈其主張之狀態也。

此爲交戰國之普通目的。亞本哈姆曰。戰爭目的有二。其一爲戰爭之Purpose。其二爲戰爭之 Ends。前者在於挫敗敵國。此爲各戰爭相同之目的。後者乃交戰國所欲實現而開戰者。隨各戰爭而異。且隨戰爭之進展而變化。結局成爲講和條件。

故如欲求一切戰爭之交戰國普通目的。則可謂在於挫折他國之抵抗力以貫澈其主張。以後用戰爭目的之語卽指此而言。

(五)戰爭者承認發生異於平時之國際權義關係之狀態也。

戰爭狀態開端。則適用戰時國際法規及戰時有效之條約。故國際發生異於平時之權義關係。此項非常之權義關係。不特存在交戰國間。並亦存在交戰國與中立國間。故戰時國際法規中更應區別交戰國間關係之交戰法規及交戰國與中立國間關係之中立法規也。

第二節　戰爭之原因

戰爭之原因有種種。或因權利之侵害被侵害而起。或因雙方國民利害思想感情之衝突而起。戰爭之原因。固甚複雜。不能列舉而盡。甚或區別正當原因與不正當原因。以爲起於正當原因之戰爭爲正當戰爭。其不然者。爲不正當戰爭。雖。然正當不正當之意義。在法規上不能判然決定。此蓋現今之國際法。尚有未完全之點也。假如國際法規完備。猶有若干學說分岐之處。故實際難以甄別戰因之正當與否。且戰因概爲利害思想感情之衝突。無關國際法上之正當與否。此等原因在國際道德上。國際政策上。雖有正當與否之議論。在國際法上。則不能區別正當與否。故現今之國際法。無力以限定戰爭之正當原因。縱令因有侵權之實而爲開戰之正當原因。原因之正當與否。在適用交戰法規之際。毫無關係。何則。一國侵害他國之權利而開戰。交戰法規不問開戰之原因如何。常以交戰國爲享有對等之權利及自由者。不認其間有適用上之區別也。縱令交戰法規特設區別。限制侵害者之交戰權利及自由。因國家之上無最高權力者。則此項交戰權利及自由之限制。究無由實行。由此觀之。國際法不能限定戰爭之正當原因。固無待再論矣。然國際法規條約規定某項事實不得爲戰因。仍屬無妨。例如國際習慣法上有一確定之規則。凡和約明定之戰因事項。不許復爲戰因。又海牙條約約定不得以保護己國人對外國政府之債權爲口實而開戰是也。

第二章　交戰法規

第一節　戰爭與國際法

或以現今國際關係。屢起戰爭。國際常用暴力。遂否定國際法規之存在。或以戰爭爲暴力。與法規之思想不相容。因而否定戰時法規之存在。夫現今之國際關係。既無臨以威權强行判決之國際機關。國家間之紛議。卒至發生施用强烈加害手段之戰爭狀態。誠非得已。國際法承認此事實。發生戰爭之時。承認交戰國間及交戰國與中立國間有異於平時之權義關係。而規定此項關係之戰時國際法。定交戰國間加害手段之限制及其他關係。並交戰國與中立國間之關係。而現今國際法所定之規則。交戰國及中立國常遵用之。故戰爭非否定國際法之存在者。反爲國際法所承認而受其支配者也。又戰時國際法儼然爲國際團體之一種法規。其存在之基礎。與平時國際法同。國家相集而爲共同生存。構成國際團體之社會。雖國際團體內之一部分起戰爭。而國際團體依然存在。交戰國對於無關戰爭之中立國。縱令因有戰爭狀態而稍變其常態。尙賡續平時法規上之關係。乃發生交戰國與中立國間之中立法規關係。至於交戰國間之關係。則交戰國既爲國際團體之一分子。其行爲當然受法規上之限制。不得完全自由。現今各國締結戰時有效之若干條約。卽承認戰時交戰國間行爲之自由須受法規上之限制者也。

第二節　交戰法規之發達

現今之交戰法規。萌芽於中古末葉。漸次長成。至於十九世紀後半而大發達。夫交戰國以人道、義俠、利己等種種動機而有減輕戰禍之舉。減輕戰禍之舉漸次擴充。而後成爲交戰慣例。交戰慣例得國家之確信。而後成爲交戰習慣法規。故交戰法規當初概爲習慣法規。洎有關交戰法規之條約。各國相繼締結。國際乃有交戰成文法規而晚近多數國家締結之立法條約。殆有交戰成文法典之觀。是以交戰法規大發達。今舉示有關戰時國際法之主要條約及宣言於左。

（一）一八五六年之巴里宣言。

（二）一八六四年之紅十字條約。

（三）一八六八年之聖都宣言。

（四）一八九九年及一九〇七年兩次海牙會議之陸戰法規慣例條約。

（五）一八九九年及一九〇七年兩次海牙會議紅十字條約原則適用於海戰之條約。

（六）第一次海牙會議禁用達姆達姆彈及毒氣發射物之二宣言。

（七）兩次海牙會議禁止輕氣球上投下投射物或爆裂物之宣言。

（八）第二次海牙會議開戰條約。

（九）同會議關於陸戰中立國及中立人之權義條約。

(十)同會議開戰之際處理敵國商船之條約。
(十一)同會議敷設自動觸發水雷之條約。
(十二)同會議商船變爲軍艦之條約。
(十三)同會議戰時海軍力礮擊之條約。
(十四)同會議海戰捕獲權行使限制之條約。
(十五)同會議關於海戰中立國之權義條約。
(十六)一九〇九年之倫敦宣言。

第三節　交戰法規違反之制裁

交戰法規爲國家間之規定。故交戰法規之權義主體。不外乎國家。而軍隊爲國家之機關。其權限內之行動。違反國際法規。無論是否出於政府之命令。國家對之固須負責。然其權限外之行動。違反國際法規。國家應否負責。不無疑問。夫軍隊權限外之行動原爲個人之行動。因國家與個人有密切之關係。國家對於個人之違法行動。仍不得辭其責。海牙陸戰法規慣例條約第三條。有交戰當事國對於軍人之一切行爲負責任者。卽規定此等關係也。顧戰時交戰國苟見有利於己國。往往對於違法行爲不加制裁。如被害國不報之以强制手段。則無以減少違法行爲之續出。此所以國際法許被害國施用强制手段於違法者也。

交戰國侵害中立國之權利。是違反中立法規也。在其餘中立國非全然無關係者。故國際團體中自然有正當之輿論以制裁之。且被害之中立國可施用强力手段。以糾正中立法規之違反。又中立國侵害交戰國之權利時。交戰國亦可施用自助行爲。以直接强制加害之中立國。是交戰國與中立國間之違法行爲。間接受輿論之制裁。直接受自助行爲之强制也。至於交戰法規之違反。則國際團體中其餘諸國之輿論勢力。不免薄弱。交戰國間既有戰爭狀態。只可施用自助行爲之直接强制。蓋交戰國間發生違法行爲。既在戰時。可以提出抗議。訴於中立國。中立國可出而周旋調停。甚或干涉之。又在戰後可取償於講和條約。宜若可以不須用自助行爲之直接强制矣。然交戰國之抗議。中立國之周旋調停干涉等。效果不可期。而取償於和約中者。往往又爲戰勝國獨得之利益。如欲對於違法行爲加以有效之制裁。莫如用自助行爲之直接强制。此項直接强制。有戰時復仇與戰時重罪處罰之區別。

戰時復仇者。國家對於敵國政府或軍隊之違法行爲及敵國私人之不正敵對行爲所加之惡報也。海牙陸戰條規。雖未有戰時復仇之規定。然爲習慣法所承認。其性質既非刑罰。又非報復。其目的在使敵人將來遵守交戰法規。不爲不正之敵對行爲。回復違法行爲或不正敵對行爲以前之原狀。或處罰不正行爲者。推其效果。則可以防止違法行爲之發生。蓋違反交戰法規則有敵人施用戰時復仇之虞也。第戰時復仇。每加害於無關違法行爲或不正敵對行爲者。苟非萬不得已時。不可行之。故遇有違法行爲或不正敵對行爲之際。求相當之救濟而不得。始可行戰時復仇。然則戰時復仇。究宜對付何種違法行爲及何種不正敵對行爲。國際法上並無限制。又戰時復仇當用何種手段。國際法上亦無限制。雖然戰時復仇手段之加害程度。不可過度。不得烈於敵之不正行爲。並不得以侵害中立國之權利爲其直接目的。且敵既停止其不正行爲。尊重交戰法規。或回復不正行爲以前之原狀。處罰不正行爲者。則戰時復仇之目的。可謂已達。不得再施復仇手段。如已開始。亦須中止。要之戰時復仇雖爲習慣法所承認。而於實際流弊滋多。如濫用之。則有增加戰爭慘酷之勢。將來國際協定應以明文規定而限制之。實爲要着。

戰時重罪者。戰時軍人或軍人以外之人對於交戰國一方犯罪。該交戰國捕獲犯人。可處以死刑是也。此項戰時重罪可分爲四類。

(一)陸海軍人之違法行爲　違法行爲而由於交戰國政府之命令者。不成戰時重罪。蓋由於交戰國政府之命令者。對方國雖得爲戰時復仇。而不得處罰奉政府命令者爲戰時重罪人。陸海軍人承指揮官之命令而違法者。除下命令者外不受戰時重罪之罰。

（二）非陸海軍人之不正敵對行爲　私人對敵軍有敵對行爲。精確言之。决非違法行爲。然今日之國際法上。戰爭之敵對行爲原則上以國家之正式兵力對抗敵國之正式兵力而實行者。私人不受敵國直接敵對行爲之加害。同時亦不得自施直接敵對行爲。否則敵軍爲自己安全之必要。可作爲戰時重罪人而處罰之。例如既被占領地方之人民而施敵對行爲。假令公然攜帶武器。遵守戰時法規慣例。不認爲交戰者。可作爲戰時重罪人而處罰之。又未被占領地方之人民。當敵人接近之際。不遑編成軍隊。卽抵抗侵入軍。若不公然攜帶武器。或不守戰時法規慣例。可作爲戰時重罪人而處罰之。又交戰國之商船不遭攻擊而攻擊敵船。可認爲犯戰時重罪。故此項船舶之船長職員及其他海員亦可作爲戰時重罪人而處罰之。

（三）間諜及戰時叛逆　海牙之陸戰條規。規定行使奇計並採知敵情地形所必要之手段。視爲適法。（第二十四條）故國際法上許用間諜或利用對敵戰時叛逆行爲。然對方之交戰國。爲自己安全之必要。可處罰間諜或戰時叛逆者。間諜當詳於後文。（參觀第二編陸戰法規）國際法上所謂戰時叛逆者。居於交戰國或交戰國占領地之敵國人或中立國人之叛逆行爲也。例如爲間諜行爲者。報告軍情於敵人者。加損害於軍用材料鐵路電報及其他交通手段者。幫助俘虜遁走者。結黨以反抗加害占領軍或軍人者。身爲嚮導而故意使軍隊失道者。與金錢或爲嚮導而任意幫助敵人者。誘軍人間諜遁走或降伏者。贈賄軍人以利敵人者。毀損變更軍事揭示軍事記號以利敵人者。汚濁水源隱蔽動物、車輛供給品燃料者。故意助敵軍之進退者。散布謠言以利敵人者。

（四）劫掠行爲　以盜取財物之目的而徘徊戰場。隨伴前進或退卻之軍隊而虐殺落伍者傷者。或虐待死者。可作戰時重罪人而處罰之。

戰時重罪人當於軍事裁判所或其他交戰國任意所定之裁判所審問之。罪狀確實。則可科以死刑。然非不可處以輕於死刑者。論者或謂戰時重罪人處以一定刑期之自由刑。則戰爭終結後須釋放。或謂旣不處以死刑而科自由刑。戰爭終結後仍須執行刑罰。國際法規關於此點。尙未一定。

第四節　戰數（戰爭之必數）

德派學者中有認戰數之法理者。以爲因戰爭之緊急必要而戰數活動。普通之戰規乃失其拘束力。蓋當緊急必要之際。墨守普通之戰規。則不能免緊急之危險。或無由達挫折敵人抵抗力之目的也。雖然。對於交戰法規之拘束力。承認如此範圍廣汎之例外。動輒爲違法者之口實。減少交戰法規之拘束力。故不可爲訓。此說最可駁斥者。在於無法達交戰目的時。可蔑視交戰法規之一點。但組成軍隊之個人。無法避免生存上之緊急危險時。可認爲有一種緊急狀態者。於是國際法上蔑視交戰法規之行爲與普通之違法行爲。間顯立區別。不許同類共論。此可以緊急狀態之法理說明。非因承認戰數之法理始然也。

第三章　交戰團體

敵對一國之政府者。有種種政治上之目的。或植民地與母國分離。或革命黨顛覆現政府。或異民族建立新政府。如備具相當之條件。則可受交戰團體之承認。而交戰團體之成立條件。(一)爲須有政治上之目的。(二)爲占據國家領土之一部而自組事實上之政府。(三)爲向政府戰爭而不違背戰時法規。交戰團體有由本國政府承認者。有由外國政府承認者。而外國政府先行承認者。當以叛亂一時無平定之望。承認叛亂團體爲交戰團體。則可減少爭鬭狀態之影響而擁護其正當之利益耳。

交戰團體承認之效果。隨承認者而異。茲摘示於次。

承認者爲外國政府時。

(一)承認國對交戰團體及其本國自認爲中立國。有異於平時之權義。

(一)自承認時期起。交戰團體加害於外人之行爲。歸交戰團體自負責任。
(三)本國政府鎭定叛亂。則承認時期以後交戰團體之行爲。承認國自任損害。
(四)外國政府承認之效果。不及承認國交戰團體及其本國政府以外。承認者爲本國政府時。
(一)本國政府承認。本國以外之諸國享受中立國之權利。同時亦要求負擔中立國之義務。
(二)自承認時期起。交戰團體加害於外人之行爲。本國政府對於外國不負責任。
(三)本國政府鎭定叛亂。則交戰團體所有契約義務或責任。本國政府不須負擔。
(四)本國政府對於敵對者停用國內刑法。敵對者被捕。則待以俘虜之禮。
(五)本國政府在外交上承認敵對團體爲有戰時國際法主體之地位者。交戰團體承認之效果。不過關於戰爭承認反對政府者有國家所當有之權義而已。此外則交戰團體不能保有國家所當保有之關係。故原則上交戰團體不得與他國締結無關戰爭之條約。此其一。交戰團體不得授受正式外交官。此其二。交戰團體之旗幟。不受國家旗幟同等之禮遇。此其三。

交戰團體承認之形式。有或宣言承認爲交戰團體者。例如一八六九年祕魯承認反對西班牙政府者。一八九一年玻利維亞承認反對智利政府者。是有或僅宣言嚴守中立者。例如美國南北戰爭時。英國於一八六一年五月三日。法國於同年六月十日。西班牙於同年六月十七日。以此形式承認南部諸州爲交戰團體。此等明示承認以外。尚有默示承認。例如政府封鎖反對者占據地方之沿岸。對於第三國亦有效力。是可謂交戰團體之默示承認。

第四章　交戰者

交戰者爲正式之陸軍及海軍。至於何項軍隊艦船。爲正式之陸海軍。則專屬國內法上之軍制問題。無講述之必要。

交戰國陸上之兵力。成於正式之陸軍。而陸軍以戰鬭員占其大部分。附屬之者。尙有非戰鬭員。例如軍需官。執法官。軍醫官。藥劑師。看護卒。野戰郵差。將校之馬弁護兵及其餘從事軍事役務之人夫等是。此等人雖非戰鬭員。亦爲正式陸軍之一部。海牙陸戰條規第三條曰。交戰國之兵力。得以戰鬭員及非戰鬭員編成。爲敵所捕。則共有受俘虜待遇之權利。組成正式陸軍者。無論是否戰鬭員。無論是否交戰國人。皆有交戰者之資格。皆有交戰者之特權。有如前述。惟軍醫官。藥劑師。看護卒等受紅十字條約之保護。不受敵人之攻擊。并不得爲俘虜。

交戰國之兵力。概成於正式之陸軍。然亦有不正式之兵力參與戰爭者。普法戰役。普國對於法國之不正式兵。非有法國政府特許從戰之證明。則不認爲交戰者。而其敵對行爲。視爲戰時重罪。處以槍斃之刑。然海牙之陸戰條規。關於此點。加以改良。其第一條及第二條規定不正式之兵力有交戰者之特權者二種。第一種爲民兵或義勇兵團。第二種爲未占領地方羣衆敵對之人民。

臨時召集以禦敵人之人民。謂之民兵。臨時志願從軍之人民。謂之義勇兵團。海牙陸戰條規第一條規定民兵或義勇兵團。備具一定之條件。則可適用戰爭法規之權利義務。是認爲交戰國兵力之一部也。故備具左列四條件。則無須政府特許從軍之證明。即可認爲交戰者。今舉示四條件於左。

(一)有爲部下負責之領袖。

(二)有遠方能識之附着特殊徽章。

(三)公然攜帶軍器。

(四)動作遵守戰爭之法規慣例。

但該條適用於組團從戰之不正式兵。而不適用於施敵對行爲之箇人。此項箇人。可作戰時重罪人論。處以槍斃之刑。

海牙陸戰條規認爲交戰者之不正式兵。第二種爲未占領地方羣衆敵對之人民。當敵人接近之際。未占領地方之人民。不遑編成軍隊。自操軍器。抵抗敵人。所謂羣衆敵對者是也。此項人民不待政府之編成。而施自動之敵對行爲。苟公然攜帶軍器。遵守戰爭之法規慣例。縱無爲部下負責之領袖。並無遠方能識之固著特殊徽章。亦可認爲交戰者。此海牙陸戰條規第二條所規定者也。受戰鬭之直接利害者。一面務限於交戰國之正式兵力。一面又於現今交戰法規之原則認一例外。推其理由。以爲目擊敵人接近之地方人民。自願爲祖國防禦。自願爲家鄉防禦。出於人情之自然。若以與戰時重罪人同類共論。則大反乎人情矣。雖然。既被占領地方之人民。敵對占領軍。則可以戰時重罪人處之。蓋占領軍在占領地方應有施行必要處分以圖自己安全之權。此於占領安全所必要之觀念。不得不勝於人情之觀念也。

以上二種之不正式兵。亦可分爲戰鬭員與非戰鬭員。兩者均可享受交戰者之利益。此海牙陸戰條規第三條所規定者也。

或謂文明國間之戰爭使用野蠻人從戰者。不法也。故可不認野蠻人有交戰者之特權。雖然。戰爭不得使用野蠻人一語。國際法規上尙未確定爲原則。故不能斷定用於文明國間戰爭之野蠻人可否認爲交戰者之問題。且野蠻人果遵守交戰法規。尙不認爲交戰者。似屬無理。蓋雖同一使用野蠻人於戰爭。宜分別論列。募野蠻人爲兵。施以訓練。組成文明軍隊之一部或全部。顯非不法。亦應認爲有交戰者之特權。惟戰時使野蠻人獨立成隊。以補助軍事動作。假令國際法上不能斷爲不法。因有違反交戰法規之虞。不得不駁斥之。故不認此項野蠻人爲交戰者。理也。

交戰國海上之兵力。概成於正式之海軍。正式之海軍。概成於海上之軍艦及乘員。軍艦之乘員及其餘屬於海軍者。無論是否爲戰鬬員。均有交戰者之特權。正式之海軍軍艦以外。有附屬船舶。現今若干國家。豫與國內之輪船公司訂約。戰時將該公司之船舶用爲海軍所屬之艦船。

戰時有變商船爲軍艦者。第二次海牙會議商船變爲軍艦之條約。規定商船變更爲軍艦者。非在所屬國直接管轄監督及責任之下。則不得有軍艦之權義。商船變更爲軍艦者、要附以其國軍艦之外部特殊徽章、指揮官要爲國勤勞、且爲長官所正式任命。其姓名載於艦隊之將校名簿中。乘員要服從軍紀。（第一條至第四條）若備具上述之條件、不問武裝有無或武裝程度如何、認爲有軍艦之權利義務者。而商船變更爲軍艦者。其行動悉應遵守戰爭之法規慣例。（第五條）又商船變更爲軍艦者。務速將其變更事實記入軍艦表中。於是有一問題。商船可否在公海上變爲軍艦。第二次海牙會議及倫敦海戰法規會議之際。未設規定。此項問題喧騰之原因。在於日俄戰爭中俄船彼得堡號及斯麻倫號事件。

既爲正式海軍一部之艦船。無論在戰前戰中。要之皆爲一國海上之正式兵力、雖然。海上亦有不正式之兵力。海上不正式之兵力。凡有二種。第一種爲捕獲免許私船。第二種爲遭敵攻擊之商船。

捕獲免許私船者、取得交戰國之捕獲免許狀。參加敵對行爲。而拿捕敵國船舶之私船也。濫觴於十五世紀。當初交戰國對於己國私船並中立國私船發給捕獲免許狀。至於十八世紀。交戰國惟對於己國人民之私船發給捕獲免許狀。一八五六年英法俄普奧伊土等七國會於巴里。宣言廢止捕獲免許之私船。爾後國際團體內大多數國家加盟焉。其不加盟者。實際對於私船亦不發給捕獲免許狀。故捕獲免許私船之廢止。在今日殆可認爲國際法上之一規則。

義勇艦隊可否認爲交戰國海軍之一部。不失爲有研究價值之一問題。一八七〇年普法戰爭之際。北德意志聯邦編成義勇艦隊。屬於此項艦隊之船舶由私人艤裝編成乘員各自獨立行動。而國家視其行動之結果論功行賞。有爲北德海軍一部分之資格。其是否與巴里宣言廢止捕獲免許私船之條款抵觸。學者間頗多議論。按巴里宣言禁止捕獲免許私船之趣意。以爲此項船舶以私費維持。以私益爲目的。以私人編成乘員。而其行動不受國家正式海軍之直接管轄。國家究不能施以適當之監督。所以禁止其有敵對行爲者。原期海上戰爭行爲之無不正不法耳。普法戰爭之際。北德意志聯邦所編成之義勇艦隊。不在國家直接管轄之下。實與巴里宣言禁止捕獲免許私船之條款抵觸。俄國自一八七七年以來。亦有義勇艦隊。其船舶以私費建造。平時揭商船旗幟。然其船長及乘員（至少一名）受政府之任命。立於海軍軍紀之下。及至戰時。用爲軍艦或國家公用船。故此等船舶戰時編入俄國正式海軍。固無容疑。其未編爲正式海軍之一部而尙揭商船旗幟者。匪特不屬海軍之一部。且其性質亦曖昧不明。故理論上雖軍艦以外國家公用船之利益。亦無享受之資格者也。雖然。俄國之義勇艦隊。毫不與巴里宣言抵觸。要可謂適法之船舶。

海上不正式兵力之第二種。爲遭敵攻擊之商船。純粹之商船。遭敵人攻擊。可得防禦。並可與敵戰爭而拿捕之。當此之時。私船之船員。遵守交戰法規。則爲交戰者。應有相當之特權。私船未受敵之攻擊而自施敵對行爲。則敵人可視其船員爲戰時重罪人。

第五章　敵性

第一節　人之敵性

戰時個人之地位如何。頗有議論。或謂戰爭爲國家間之關係。故個人無敵性。惟爲國家兵力一部分之時。由對方國視爲敵人耳。雖然。國家與個人間有事實上之密切關係。個人不得與戰爭無涉。自對方交戰國視之。爲有敵性者。不妨施以國際法規所不禁之加害手段。故戰爭雖爲國家間之狀態。而一方之交戰國。對於敵國之人民。在戰爭必要範圍內。可認爲有敵性者。惟英美等國以爲交戰國之國民間。當然亦生敵對之關係。自現今國際團體內一般之思想言之。未免過舊耳。要之個人與國家間有密切之關係。在戰爭必要範圍內對方國視個人爲有敵性者。可謂合乎國際慣行之見解。第各交戰國原則上各以其正式之陸海軍施直接加害手段於敵之正式陸海軍。對於敵國之個人。則除特別事情外。不得施直接加害手段也。

敵國之人民有敵性。己國及中立國之人民無敵性。是爲現今國際法上之原則。然敵人有失其敵性者。己國及中立國之人民有取得敵性者。此等雖屬例外。而在戰時法規上占重要之地位。故不可以無說明。

前述原則之第一例外。爲有敵對行爲之中立國人民。此等中立國人民自對方交戰國視爲有敵性者。故不能主張中立人之利益。戰時可施於敵國人民之有此項行爲者。亦可施於有敵性之中立國人民。海牙陸戰中立國及中立人權義之條約曰。中立人施敵對行爲於交戰者。或施有利於一方交戰者之行爲。則不能享中立之利益。任意加入交戰國之一方而服務者同。但處置不守中立之中立人。不得較處置敵國人民之有同樣行爲者嚴酷。（第十七條）而所謂有利於一方交戰者之行爲。不包含（一）供給軍需。或應募公債（二）服務警察或民政等。（第十八條）中立國人民喪失其中立性之行爲。不必限於開戰後。其在開戰前之行爲。因與外國有密切之關係。該外國爲交戰國時。同時當然爲有敵性者。例如中立國之人民。平時服務於外國之軍隊。至開戰時。爲有敵性者。如欲脫去敵性。則應立卽與外國斷絕關係。

前述原則之第二例外。爲住在敵國之中立國人民。此與第一例外異其性質。雖同可稱爲有敵性者。而第一例外爲有主動資格之敵性者。第二例外爲有被動資格之敵性者。夫住在敵國之中立國人民。自古待遇如敵國人民。至今英國主義尚然。對於住在敵國者。不問中立國人或交戰國人。認爲有敵性者。按英國主義之理由。以爲住在敵國者。因爲完納租稅或他種賦課。以維持敵國之抵抗力。與敵國有密切之關係。故國際法上可施於有敵國國籍之平和居民及其財產者。亦可施於住在敵國之中立國人民及其財產。惟中立國人民雖因住在敵國而有敵性。對於交戰國違反戰時國際法規之處置。仍不失其本國之保護。法國主義理論上不認此項中立國人之有敵性。第二次海牙會議。德國提議住在敵國之中立國人認爲有特別之地位。宜與一般居民區別。是取法國主義也。第爲該會議之多數委員所反對提案卒被否決。

前述原則之第三例外。爲決定船舶及貨物之敵性之前提問題。據英美主義。敵國人民之住所。在中立國或己國。則其人視爲無敵性者。其財產亦視爲無敵性者。又（一）中立國人（或己國人）服務敵國。援助敵國。與敵國有密切之關係。（二）中立國人（或己國人）之住所在敵國。則視爲有敵性者。其財產原則上亦視爲有敵性者。據法國主義。則前述原則之第一例外以外。惟敵國人有敵性。惟敵國人所有之貨物有敵性。不拘住所如何。敵國人常有敵性。其所有之貨物。從而亦常有敵性。英國主義標準所有者之住所。決定物之敵性。而法國主義標準所有者之國籍。決定物之敵性。然則決定物之敵性之前提。究應採英國主義。抑應採法國主義。一九〇八年之倫敦海戰法規會議中。有所議論。而未見決定。倫敦宣言僅規定敵船內貨物之有無敵性。依所有者之有無敵性而定。（第五十八條）至於應以何種標準決定所有者之有無敵性。則付闕如。

第二節　物之敵性

原則上貨物屬於有敵性之人者有敵性。貨物屬於無敵性之人者無敵性。故不論海上陸上。凡施敵對行爲之中立國人有敵性。（前節第一例外）其物亦有敵性。又陸上中立國人而住在敵國者有敵性。（前節第二例外）其物亦有敵性。假令所有者不住在敵國。而其物在敵國者。其物亦有敵性。又海上捕獲之關係。英美主義及大陸主義均採倫敦宣言之原則。以所有者之有無敵性爲決定海上貨物有無敵性之標準。（第五十八條）然因決定所有者有無敵性之標準。英美主義與大陸主義異趣。（前節第三例外）是以採英美主義之國與採大陸主義之國間。實際上之慣行。不免有差異。

海上貨物之有無敵性。大陸主義專視所有者之有無敵性而定。英美主義則於所有者之敵性以外。別有使貨物備具敵性之原因者。在茲舉示於左。

(一)敵地生產物或敵軍占領地之生產物。假令該地地主為中立國人或己國人而於敵國無住所者。苟未入中立國之商業範圍內。仍為敵貨。

(二)設在敵國之商店財產。假令店主於敵國無住所者。因其商業上之住所在於敵國。亦受敵性。

(三)敵國軍艦或敵國武裝私船內之中立貨物。有視為敵貨者。

貨物在敵船中者。不能證明其有中立性。則可推定為有敵性者。是慣例之所承認也。倫敦宣言亦明認之。（第五十九條）

關於航海中貨物所有權之移轉。從來有英美主義與法國主義之別。法國主義以為航海中貨物之所有權。善意移轉。認為有效。英美主義以為在中立人占有貨物以前。船舶被捕。則不認所有權之移轉。倫敦宣言採英美主義。敵船內之貨物。開戰後航海中縱令已移轉所有權。其抵目的地以前。依然繼續有敵性。惟對此原則有一例外。敵船內貨物現在所有者之敵人破產。則從前所有者之中立人在拿捕

以前。對於該貨行使合法之取還權。則該貨再取得中立性。（第六十條）

第三節 船舶之敵性

英美主義以爲揭敵國國旗而以敵國國籍證書航行者爲敵船。然揭中立國旗之船舶而其所有權之全部或一部屬於敵人。則亦爲敵船。故船舶之敵性問題。與人之敵性問題相關聯。至於大陸主義。則專注重於船舶之國籍。一九〇九年之倫敦宣言承認大陸主義。船舶之有無敵性。隨船舶之國籍而定（第五十七條第一項）然英國以爲中立國船舶而經敵國特許從事平時所禁之航海者。亦認爲敵船。故於倫敦宣言保留之。

關於船舶之敵性問題。船舶所有權之移轉。發生複雜之關係。若使戰時敵船能自由變爲中立船。則敵船所有者可藉此以免拿捕沒收矣。且戰前豫知開戰事實而移轉其船舶所有權。則敵船所有者亦可藉此以免拿捕沒收矣。凡此皆應有限制。戰時敵船所有權移轉於中立人。法國主義視爲絕對無效。而英美主義則不視爲絕對無效。認爲相對無效。卽敵船在戰時亦可有效變爲中立船也。惟此項船舶所有權之移轉。要有善意完全之證明。而船舶在航行中移轉所有權者。苟實際尙未交付。不認移轉爲有效。移轉手續在受封鎖之港內舉行者亦然。又戰前敵船變爲中立船。在法國主義。以公正證書證明移轉。則認爲有效。而英美主義以爲豫知開戰之敵船變爲中立船者。與戰時敵船變爲中立船者同一辦理。

倫敦宣言曰。開戰後敵船變爲中立國船。除由船主證明非爲欲免拿捕沒收而移轉船籍者外。概爲無效。而(一)移轉在船舶航行中或在封鎖港內舉行者。(二)移轉有買還或交還之條件者。(三)不遵中立國國內法所定懸掛國旗權利之條件者。縱令有前述之證明。船籍移轉。常視爲無效。故可知開戰後船舶所有權之移轉。原則上爲無效。(第五十六條) 又曰開戰前敵船變爲中立國船。除由拿捕者證明爲欲免拿捕沒收而移轉船籍者外。概爲有效。惟船舶在開戰前六十日以內喪失交戰國之國籍而無移轉證書者。則以該移轉有嫌疑。推定爲無效。但許反證。故可知開戰前船舶所有權之移轉原則上爲有效。（第五十五條第一項）

開戰前船舶所有權移轉有效之原則。若使無限溯及戰前則拿捕者苟證明移轉爲欲免拿捕沒收而舉行者。得將一切開戰前之移轉認爲無效。非所以保護交易安全之道。是以倫敦宣言特設限制曰。開戰前三十日以前之移轉。絕對完全遵守關係國之國法。且移轉之結果。船舶監督及使用上之利益而不屬移轉前之同一人者。該移轉視爲有效。但船舶在開戰前六十日以內喪失交戰國之國籍而無移轉證書者。因有嫌疑之充分理由。雖拿捕該船舶。不爲損害賠償之理由。（第五十五條第二項）

中立船舶爲某項軍事幫助之際。對於該中立船之辦法。與對於敵國商船者同（倫敦宣言第四十六條）　於是發生如次之結果。（一）船中貨物推定爲敵貨。（二）船中敵貨可得沒收。（三）不適用倫敦宣言中立船舶破壞限制之規定。（四）

船員之可否爲俘虜適用海牙捕獲權行使限制之條約第三章（五）船主不服交戰國捕獲審檢所之檢定可控訴於國際捕獲審檢所。

船船以强力抵抗交戰國停船臨檢拿捕等權利之合法行使者沒收之。其載貨與在敵船內之載貨同一辦理。屬於船長船主之貨物、視爲敵貨。（倫敦宣言第六十三條）關於載貨之關係。與敵船同一辦理。故適用軍事幫助之中立船舶辦法（一）（二）兩端。

第六章 交戰區域

所謂交戰區域者。指交戰國兵力互能施敵對行爲之陸地水域及空中也。原則上交戰區域限於交戰國之領土領水領空公海公空。中立國之領土領水領空。不包含在內。惟有數例外。（一）領土權名屬中立國而實則由交戰國行使國權之租借地及委任統治地。亦入交戰區域中。（二）領土權名屬交戰國而實則由中立國行使國權之租借地及委任統治地。不入交戰區域中。(三)中立領土而戰時有關交戰國政治上之特別目的者。或一方交戰國之軍隊入中立領土他方交戰國之軍隊自衞上必須入中立領土以資防守者。該中立領土亦入交戰區域中。(四)交戰國之領土領水。由多數國間之條約定爲中立地帶者。不入交戰區域中。(五)交戰國之領土領水。戰時由交戰國間之特別協定定爲不交戰之地者。一時不入交戰區域中。(六)交戰國對於可爲交戰區域之領土領水公海。由交戰國之一方行爲或交戰國與中立國之雙方協定。不施敵對行爲者。不入交戰區域中。

第七章　戰爭之開始

現今國際法上。國家開外交談判。或用別種國際紛爭解決方法。不能貫澈其主張。可得開戰。其或並無國際紛爭。有國際紛爭而不開外交談判。或開外交談判而對方國不待其主張之見容與否。不施別種紛爭解決方法。突然開戰者。可視爲違法。故開戰當在一切紛爭解決方法既窮以後也。

據海牙第二次和平會議之開戰條約。無一定之豫告。不得施敵對行爲。或謂在此條約實施以前。開戰之際。不先行宣戰。則不能施敵對行爲。卽不得僅依敵對行爲而開戰。又宣戰前之敵對行爲。違法也。實際依敵對行爲而開戰之例甚多。在前述條約實施以前。國際法上尚未確立「開戰須依宣戰而不得依敵對行爲」之原則。惟應依如何敵對行爲而開戰。頗有議論耳。雖然。並無國際紛爭。有國際紛爭而不開談判。或開談判而對方國在容納主張與否尚未分明之際突然施敵對行爲。雖古時亦認爲違背國際習慣法之行爲。若談判無結果。不宣戰而施敵對行爲。不得謂爲違法。尤其是外交關係斷絕後。或外交關係斷絕而宣言保留自由行動之權利後。施敵對行爲。不得目爲違法。洎第二次海牙和平會議之開戰條約。約定締約諸國在明瞭豫告以前。不開始敵對行爲。自此「開戰須依宣戰而不得依敵對行爲」之原則確立。

第二次和平會議之開戰條約規定須宣戰或送最後通牒。無此豫告則不得施敵對行爲。第豫告與開始敵對行爲之間經過期間如何。尙未有規定。和蘭曾主張規定二十四時間之期間。未爲各國所同意。故全然不能防止卒然攻擊。又實際不免有不發開戰宣言或最後通牒而開戰者。或(一)一方蔑視開戰條約不宣戰而施敵對行爲者。或(二)因自衞上之緊急必要不遑宣戰而施敵對行爲者。或(三)二國之兵力間起衝突。遂生戰爭者。或(四)復仇干涉等强硬手段引起對方國之强硬抵抗。遂生戰爭者。此等事例。不問明白違背國際法與否。不發宣戰或最後通牒而施敵對行爲。則可認爲戰爭已起。適用戰時國際法規。前述條約不適用於締約國與非締約國間之關係。在此項關係者。可不經條約所定之豫告。逕施敵對行爲而開戰。

第八章 開戰之效果

開戰之效果。不僅及於交戰國間。並亦使第三國發生中立國之權利義務。中立關係。當詳於第五編。茲就交戰國間開戰之直接效果分項述之。

（一）交戰國間外交關係之中止

戰爭使交戰國間之和平關係終止。故如開戰之際外交關係未中止。則因開戰而外交關係中止。駐在敵國之外交官。自駐在國外交部取得護照而歸國。其離去敵國以前。仍有身體榮譽之不可侵權及治外法權。駐在敵國之領事官。其認可狀因開戰而失效。故不能行其職務。公使館領事館之房屋文件。及在敵國之僑民。恆託中立國之外交官及領事官保護。

（二）條約之效力

關於條約之效力。可分為六種而說明之。（一）關於戰時之條約。不問僅為交戰國間所締結者與否。凡屬戰時法規之條約。及戰時作為不作為之條約。依開戰而發生實施力。（二）規定永久狀態之條約。不依開戰而失效。（三）兩交戰國間政治上之條約而約定將來之作爲不作爲者。依開戰而失效。(四)第三國參加之國際行政條約國際法規條約及其他之萬國條約。惟交戰國間依開戰而停效。(五)此外兩交戰國間之經濟社會條約。實例上依開戰而當然失效者。比比皆是。例如關於關稅通商之條約是。如欲復生效力。須有條約之特別規定。又郵政條約犯人引渡條約及關於國際私法之條約等。雖戰時不無認爲停效之例。現今國際法上此等條約。亦須由和約或恢復平和後之條約另立規定。方能復生效力。(六)兩交戰國間之條約。其解釋或適用。成爲戰爭之原因者。原則上消滅。此項條約如有第三國加入者。關於爭點。惟交戰國間認爲失效。條約全部不因締約國中一國之交戰而對第三國亦失效者。

(三)領內之敵國人

古時開戰之際。可得拘留領內之敵國人。待遇如俘虜。十八世紀頃。交戰國許此項敵人在相當期間退去領外。今已成爲國際慣例。在拿破倫戰爭之時。開戰之際。

法國拘留一萬英人。拿破倫謂英國未正式宣戰而拿捕法國之二商船。是為違背國際法之行為。法國拘留英人。不過為對於違法行為之復仇手段。由此觀之。國際法上開戰之際。無拘留敵國人之權利。十九世紀中亦不復有拘留敵國人之事例。雖某學者謂今日純理論上尙有拘留敵國人之權利。而在今日之習慣法上。敵國人苟非加入敵之兵力者。許其在相當期間退去為原則。但有防洩漏軍機之必要。則可拘留之。又交戰國有許敵國人滯在領內者。第無必須許可之義務。故命其退去。仍屬自由。惟除緊急公安上之必要外。須給以相當之猶豫期間耳。雖然。現今實際上苟非有戰爭上之必要或其他之重大理由。不迫敵國人退去。又許敵國人之滯在也。恆限定滯在區域。或使宣誓不施敵對行為。

(四)兩交戰國國民間之交通貿易及敵國人之訴訟能力

英美主義之學者。以為兩交戰國國民間之交通貿易。依開戰而禁止。惟戰爭之慣例所認者。或受特許者。不在被禁之列。戰爭中訂立之合同。當然無效。戰爭前訂立之合同隨其內容如何。有或失效者有或停效者。關於涉訟事宜。敵國人喪失其為民事原被告之能力。古時諸國國內法上採此主義。今日英美等國國內法上尚採之。固無容疑。然此主義不得謂為今日國際法上之原則。今日國際法上戰爭為國家間之狀態。私人非當然互得敵之資格者。故交戰國國民間之交通貿易。不能定為當然禁止者。但因國家與國民有密切之關係。國家對於其國民與敵國之交通貿易。或一般禁止。或限定物品地方及人而禁止。犯禁者可得罰之。又苟無國際法之特別限制。可得不認敵國人契約上之權利。可得承認敵國人訴訟能力之停止。海牙陸戰條規第二十三條禁止宣言對方當事國人之權利及訴權之消滅停止或裁判上之不理。是否可以廢止英美主義國內法上之規定。議論尚分歧無定。

(五)領內之敵國公私財產

古時對於領內之敵國公私財產。認為可依開戰而沒收。又領內敵國及敵國人之債權。亦可沒收。然不沒收領內敵國人之私有財產並敵國及敵國人之債權。漸成國際慣例。沒收敵國人私有財產之最後一例。在一七九三年英法戰爭之時。十九世紀中已無沒收之例。今日依開戰而沒收領內敵國人之私有財產並敵國及敵國人之債權可謂國際公法上之違法行爲。但交戰國可得停付債權以防敵資之增加。又領內敵國之公有財產直接間接可充軍用者。可得扣留又敵國人之私有財產。直接可充攻守上之軍用者。可得妨其出國或扣留之。但敵國人之私有財產。在平和恢復後須發還物主並須決定其賠償。

(六)領內之敵國商船

古時開戰之際。扣留沒收領內之敵國商船。近時則許於相當猶豫期間退去爲慣例。第二次海牙和平會議中開戰之際處理敵國商船之條約規定如次。

(一)希望開戰之際。在交戰國一方港內之敵國商船及開戰前去最後發航港不知開戰事實而進交戰國一方港內之敵國商船。應卽刻或在交戰國一方所定之相當猶豫期間自由出港。且得通航劵而直航至目的港或交戰國一方所指定之港。

(二)敵國商船因有不可抗力之事情。在猶豫期內不能去交戰國一方之港或不許出港者。不得沒收之。交戰國之一方單負戰後無償發還之義務而扣留之。或付賠償而徵發之。

(三)敵國商船在開戰前去最後之發航港不知開戰事實而在海上遭遇交戰國之軍艦者。不得沒收之。對於此項商船。交戰國單負戰後無償發還之義務而扣留之。或付賠償而徵發之。

(四)在前述船舶內之敵貨。可扣留之。戰後無償發還或付賠償而徵發之。

(五)前述免除扣留沒收之規定。不適用於構造上明可變爲軍艦之商船。故此項船舶假令不知開戰之事實。亦不免在海上或交戰國港內受拿捕沒收等之處分。

第九章　交戰國間之準和平關係

交戰國間之和平關係。依開戰而終了。交戰國原則上對於敵國及敵國人有敵對關係。惟關於特別事項。對於敵國及敵國人有維持準和平關係者。而準和平關係有因交戰國間之特別合意而成立者。有因交戰國一方之認許而成立者。有因一般國際法之規定而成立者。茲就其最著者述之。

(一)軍使

戰時軍使爲準和平關係之機關。得揭方形白旗赴敵軍。以盡其交涉之任。軍使有談判之任務而赴敵軍。惟時或僅有傳達文書或口頭使命之任務者。海牙陸戰條規規定奉交戰國一方之命與他方交涉揭白旗而來者爲軍使。在陸戰者軍使自身或旗手揭白旗赴敵軍。鼓手喇叭或翻譯者隨往。在海戰者。軍使乘揭白旗之軍使船而赴敵軍。海牙陸戰條規規定軍使及隨從者有不可侵權。故不可攻擊或俘虜之。但軍使濫用特權。則可一時拘留之。軍使利用特權而爲背信之行爲。或利用其地位而教唆謀叛。苟證跡明確。失其不可侵權。古時有豫告不接受軍使者。一經豫告。縱揭白旗而來者。無不可侵權。然今日非復仇則不得宣言不接受軍使。但軍之部隊長。可得宣言以一定條件一定時日一定場所接受軍使。又軍使既抵交涉之軍。該軍部隊長並無必須接待之義務。不欲接待。則可以命令促其退去。但在退去所必要之時間。軍使仍有不可侵權。惟軍隊不因敵之軍使接近而止其作戰行動。爲豫防軍使利用其使命而探知軍情。計軍之部隊長得施一切必要之手段。又軍使所見聞之情報。一時可得扣留之。軍使須攜證明其地位之文書。否則不作軍使待遇。可得俘虜之。又軍之脫走者。僞爲敵之軍使或其隨員而來者。不認其有軍使或隨員之特權。可得拘留之付軍法會議審判而處罰之。但須通告處罰之理由於敵軍。至於海戰。關於軍使無條約之規定。海牙陸戰條規之軍使規定。原非創始之規定。乃採錄習慣法而成立者。故亦可適用於海戰。

交戰國之軍。一面遣軍使於敵。而一面不息礮擊。或因敵有保護軍使之義務。故意遣軍使至敵。乃乘間安全退軍。是爲白旗之濫用。違背國際公法之行爲也。敵軍可施復仇手段以報之。白旗之濫用。若非奉長官之命令而出於自動者。陷於敵軍。則敵軍可以爲戰時重罪人而處罰之。

（二）通行證及護照

通行證者交戰國許敵人或非敵人通行其領內或占領地內之文書也。護照者交戰國許敵人爲一定目的而赴一定場所之文書也。例如許敵人出入攻圍都市以達其談判之目的。是護照有用於物件者。此時有護照之物件得自一定地點安全輸送至一定地點。通行證及護照均不得移轉於他人。又兩者有附有效期間者。有不附有效期間者。前者遇有不得已之遲延。可酌量寬恕取得通行證及護照者。有不可侵權。但如違背許可之條件。或濫用許可。或有軍事上之必要。則發給證照之官憲或該官憲之上級官憲。可將該許可作爲無效。通行證及護照遵照交戰國間之協定或交戰國與中立國間之協定而發給。是爲國際法的事實。

（三）護衛

護衛有二種。第一種爲對人及物之護衛。第二種爲護衛兵對人及物之護衛者。禁止己國兵士加害於敵人敵貨之文書也。由指揮官發給。揭示於受護衛之物件之旁。或交付受護衛之人。護衛兵者保護敵人敵貨之兵士也。護衛兵之派遣有出於交戰國間之協定者。有非出於交戰國間之協定者。凡爲護衛兵者均有不可侵權。

（四）「加德兒」及「加德兒船」

戰前或戰時兩交戰國關於特別事項訂定準和平關係之規約。謂之「加德兒」。考其語義有廣狹之別。就狹義而言。卽俘虜交換規約也。至於廣義則傷者之待遇。軍使之接受。通商交通通信等事項之協定。皆可謂爲「加德兒」。「加德兒船」者。俘虜交換船公用通信船或軍使船等。是交戰國軍之於「加德兒船」。一面須保護。一面須防其濫用。已成爲國際習慣法上之規則。「加德兒船」不可侵。故不得攻擊拿捕或沒收。不守「加德兒船」之一般條件。或特定條件。則失其保護可得拿捕沒收。所謂一般條件者。不得經營商業。不得運送普通書信或貨物。不得載運軍器彈藥或軍用材料。惟號礮不在禁止之列。又加德兒船須備相當官憲之文書。

(五)降伏規約

降伏規約爲交戰國軍隊指揮官間之規約。一部軍隊因無勝利之望。停止戰鬬及抵抗。以其防守地點軍艦兵員等交付敵人。此項規約僅約束降伏場所之授受及軍隊人員之處分等。不包含此外之約束。假如有包含者。非得雙方交戰國政府之追認。則無效。指揮官有締結降伏規約之權。但有或附以條件須得君主或政府之認可始能有效者。無權限之下級將校。訂降伏規約。指揮官可否認之。指揮官權限內所訂者。縱不適於機宜。規約決非無效。惟指揮官對本國政府須負責耳。又指揮官權限外約定之事項。名曰「斯本西」。經上級指揮官之承認。則有效。降伏談判始於遣軍使時。或一方之軍隊先揭白旗。表示降伏之意思。而後遣使談判者。然據多數之例。軍隊不揭白旗。不止戰鬭。遣使談判。協定既成。乃揭白旗。表示降伏之意。敵人揭白旗。苟非可認爲眞有表示降伏之意者。不須停止發礮。降伏規約中苟不規定特別條件。降伏之將校兵士爲俘虜。凡軍隊所有或在降伏場所軍艦等之軍用物件及公產。應照降伏規約簽字時之狀態交付。在降伏規約成立以前。不妨破壞糧食軍器彈藥軍用物件。以防陷入敵手。然在規約成立後破壞之。則爲背信之行爲。對方交戰國之軍隊。對於此項破壞行爲者可處以戰時重罪人之罰。降伏規約中應定之事項爲場所之交付。軍人之撤退。降伏軍人之待遇。物件之交付。埋設地雷地方之指示。傷者病者之待遇等。降伏規約須忠實遵守。海牙陸戰條規規定降伏規約既經確定。締約雙方須嚴密遵守。違背降伏規約。則爲國際法上之違法行爲。其違法情節重大者。對方國可得廢棄規約。遇有緊急必要。可得開戰。有或對方國僅施復仇行爲者。至於個人自動的違背規約。則陷入對方國之權內時。可作爲戰時重罪人而處罰之。降伏規約之方式。普通用書面。

（六）休戰規約

休戰規約者。一時停止作戰行動之合意也。而休戰有三種（一）戰鬬停止。（二）全體休戰。（三）部分休戰。戰鬬停止者。互相敵對之陸海軍兵力間停止極短期間之作戰行動也。例如傷者之收容。死者之埋葬。降伏或休戰之談判。請訓於政府或上級指揮官之通信等。有停戰之必要。戰鬬停止恆與政治上之目的無關。又與戰爭全局無影響。戰鬬停止之效力。惟拘束指揮官部下之軍隊。（二）全體休戰者。關於交戰國雙方陸海軍全部及交戰區域全部之作戰行動之停止也。全體休戰之規約。有政治上之重大意義。例如因爲進行講和談判而以敵對行爲爲無益者。或欲決定講和而有開國民會議之必要者。乃締結休戰規約。全體休戰之效力。原則上及於全軍及全局。而亦有除外某軍或戰局之一小部分者。（三）部分休戰者。交戰者關於軍之大部分戰局之大部分訂結者也。部分休戰有或僅對於陸軍有效者。有或僅對於海軍有效者。有或僅對於殖民地有效者。有或僅對於同盟國中之一國有效者。海牙之陸戰條規中所謂地方的休戰。包含戰鬪停止與部分休戰。

締結休戰規約之權限。應分別說明。(一)戰鬪停止。因爲一時軍事上之必要而締結者。故雖小部隊之指揮官亦可爲其部下之軍隊締結之。在國際法上不須上級指揮官或他官憲之批准認可。卽可發生效力。(二)全體休戰有重大政治上之意義。惟交戰國之政府或軍隊總指揮官可得締結之。爲鄭重起見。取條約之形式。且須批准。始能確定其效力。總指揮官締結全體休戰規約而不得批准。則對敵發相當之豫告後。施敵對行爲。決非背信之行爲。(三)部分休戰爲軍之總指揮官所締結苟無反對之約定。不須批准。卽有確定之效力。但規約中有定爲待批准而有效者。則在批准以前不發生效力。

關於休戰之特別條件。有明確之約定者。應守其所明約。無明確之約定者。則不免發生議論。休戰之際。規約中苟不特禁。在戰線背後可爲攻守之準備。毫無疑義。然關於戰線上之作爲不作爲。尚有議論。或謂在休戰規約保護之下而變更現狀。

爲背信之行爲。然某論者謂休戰之效果。惟包含作戰行動之停止。並戰線前進背進及展開之停止。此外規約所不明禁者。不妨施行。海牙陸戰條規關於此點無明文之規定。習慣法上亦無確定之原則。權衡二者。理論上以後說爲當。蓋休戰本約定實際作戰行動之停止。並不禁止增加一方交戰者之抵抗力者。實際作戰行動之停止並戰線前進背進展開之停止以外。欲約定特別事項應明定於休戰規約中。休戰中攻圍地內糧食供給之問題。亦可以同一理論解決。或謂休戰之際。不供糧食於受攻圍之軍。則受攻圍之軍。在休戰中減少糧食。減少抵抗力。故當然許糧食之供給。雖然休戰原以約定作戰行動之停止。決非禁止減少一方交戰者之抵抗力者。受攻圍之軍而休戰中欲得糧食之供給。須約定於休戰規約中。戰地交戰者與人民間及人民相互間之關係。規定於休戰規約之條項中。則一任當事者之自由。（海牙陸戰條規第三十九條）休戰規約中有規定中立地帶以免休戰中兩軍之衝突者。若無此項特別約定。則無所謂中立地帶。

休戰規約中苟無特別約定。則自簽字之時起。發生實施力。雖然有特別約定休戰之實際開始時期者。戰局廣闊。軍隊遠隔。不能徑行通告休戰於軍之全體。故休戰開始時期屢有隨地而異者。海牙陸戰條規規定休戰須正式適時通知當該官憲及軍隊。通告之後。立刻或至所定時期停止戰鬭。（第三十八條）軍隊有或不知休戰之開始而休戰後尚爲作戰行動者。務速回復休戰開始時之狀態。

違背休戰規約而出於政府或有權限之指揮官之命令者。國際法上之違法行爲也。據海牙之陸戰條規。休戰規約者之一方有重大之違約。則他方有廢約權。且在緊急之際。可立卽開始戰鬭。（第四十條）個人自動的違背休戰規約之條款。則對方之交戰者。惟要求處罰違背者。且受損害。則僅得要求賠償。（第四十一條）

休戰若無期間之約定。又關於作戰行爲開始之通告。亦毫無規定。則交戰者不論何時。豫告作戰行動之開始後。可立卽開始作戰行動。休戰期間雖無規定。而於通告有規定。則應遵由該條件。在所定時期通告作戰行動之開始於敵。（第三十六條）反之休戰期間有規定。苟無特約。期滿則休戰終了。不須特別之通告。休戰而附解除條件。則休戰隨條件事實發生而終了。

第十章　戰爭之終了

戰爭依訂立和約而終了。爲常有。或一方交戰國兼併他方交戰國而戰爭終了者。有或雙方交戰國不訂和約而自然恢復和平者。茲分節述之。

第一節　單純戰爭行爲之終止

戰爭依戰爭行爲之終止而終了。則交戰國間既無和約。將依戰前狀態定法律上之關係乎。抑依戰爭終了之現狀定法律上之關係乎。理論上以後者爲當。蓋戰爭依戰爭行爲之終止而終了。可視爲雙方默認戰爭終了時之現狀而息戰者。原則上應以現狀爲決定兩國法律關係之基礎也。戰爭終了之際。一方占領他方之領土。既無反對之明言。是領土國承認依戰爭行爲之終止而歸占領國領有者。雖然。戰爭依單純戰爭行爲之終止而終了。則兩國之主張。有不能依戰爭行爲終止之際之現狀決定者。當如何處置。國際法上無一定之原則。或後日依特約解決。或任其未決。戰爭依戰爭行爲之終止而終了。例不多見。但最近我國及美國不簽字於凡爾塞利約而對德戰爭終了。非不可證明之。

第二節　一方交戰國之征服的合併

征服的合併。與戰時占領不同。一方交戰國將他方交戰國之土地人民置於其權力之下。且依合併行爲而消滅他方交戰國。使其領土人民爲己國領土人民之一部分也。對方國依合併而消滅。則國家間之戰爭。已不存在。近時依征服的合併而終了戰爭者。祇稀。一八五九年沙爾第尼之合併兩雪西利。一八七〇年同國之合併教皇領。一九〇〇年英國之合併倉斯華。皆其實例也。

第三節　講和條約之締結

戰爭終了之最普通方法。爲和約之締結。講和談判卽爲締結和約也。有依第三國之周旋者。有依第三國之調停者。有依第三國之干涉者。講和談判。不妨依文書交換之形式。但普通依全權委員會於中立地或交戰國一方之土地而實行。會於交戰國一方之土地而談判。則敵之使節。如軍使之不可侵。

講和談判有先訂豫定和約。規定講和條約之大綱者。豫定和約。亦一條約也。俟批准交換而確定其拘束力。在豫定和約批准後。確定和約締結前。戰爭不終了。但當事國得爲反對之約定。豫定和約不得批准。則可開始敵對行爲。於是豫定和約之效果。與休戰規約同。對於豫定和約。後日確定戰爭終了之條約。謂之確定和約。

講和條約。與軍事規約不同。不得以軍指揮官之權限締結。然則如何機關有締結權。此原屬國內法之問題。條約締結權。普通屬於國家之元首。但關於講和條約。

有特設限制於元首之締結權者。國家之元首。可使軍指揮官爲全權委員。使當和約談判之任。

國際法上和約之方式無定。故理論上不必依書面締結。雖然。講和爲國家生活之大事。實際無不以書面締結者。

講和條約之效果。可依次之諸點說明。(一)戰爭終了。(二)和平恢復。(三)戰因消滅。(四)現狀維持(五)戰時條約實施力之喪失。(六)停效條約之復活。(七)大赦。(八)俘虜身分之終了。

和約關係事項至多。不能一一載於和約。故現今爲執行和約起見。更須爲種種之協定。

第二編 陸戰法規

第一章 對於敵人之加害手段

第一節　陸戰之害敵手段

戰爭之普通目的。在於挫折敵之抵抗力。而欲達此目的之必要害敵手段。要不背條約或國際習慣法。害敵手段之最著者。攻擊礮擊敵軍殺傷俘虜敵軍。城塞都市之攻圍礮擊及突擊。敵地之占領。敵產之收押破壞。奇計間諜及戰時叛逆之利用等也。而害敵手段之最重要者。爲對於敵人之加害手段。此項加害手段。又依敵人之爲交戰者與否而輕重不同。

第二節　對於交戰者之加害手段

第一款　戰鬪員

交戰者可分爲戰鬪員與非戰鬪員。敵之戰鬪員有敵對行爲之意思與能力者。可殺傷或俘虜之。其因病傷而喪失戰鬪力者。不得殺傷。捨軍器而乞降者。不得殺傷。不抗拒爲俘虜者。不得殺傷。凡此均留其生命。不得宣言不留命。但此項禁止。不適用於戰時復仇及緊急狀態。殺傷之限制。出於人道主義。其趣意在於害敵手段。止於戰爭上之必要範圍。不使爲無益之殺傷。

對於敵之戰鬭員。雖可加以殺傷。而不可加以不必要之苦痛。故海牙之陸戰條規。禁用發生不必要苦痛之軍器發射物及其他物質。（第二十三條第一項）一八六八年之彼得堡宣言。禁用有爆發性或燃燒性之發射物。第一次海牙平和會議。宣言禁用達姆達姆彈。毒氣發射物及自輕氣球上擲下發射物及爆裂物。此等禁止。亦出於人道主義。其趣意在於害敵手段之程度。止於戰爭上之必要範圍。不可徒增負傷者之苦痛。

交戰者間。某程度內。當互相尊重。不得有卑怯或背信行爲。故海牙陸戰條規禁用毒或施毒軍器。禁止以背信行爲殺傷敵人。禁止濫用軍使旗。國旗。軍用徽章。敵之制服。紅十字徽章。（第二十條）此等害敵手段之限制。出於俠義心及利己心。

將來之戰爭、害敵手段或偏重於飛機。關於此等害敵手段。有設特別限制之必要、海牙宣言禁止自輕氣球上擲下發射物爆裂物、未爲多數國所簽字。空中害敵手段之限制問題。今日之國際法上。尚未解決、須待國際法將來之發達。但彼得堡宣言、海牙其他二宣言及陸戰條規之規定、尚適用於空中之害敵手段。

第二款　非戰鬪員

非戰鬪員既不參加敵對行爲、不得攻擊殺傷而可俘虜之。但附屬軍隊之教法者。衛生部員。軍醫、藥劑師、看護卒。患者輸送人夫等。照紅十字條約、非特不得攻擊殺傷、並亦不得俘虜之。

第三節　對於非交戰者之加害手段

古時可殺傷俘虜非交戰者。都市或要塞依强襲而攻取者。居住其中之私人。往往任攻擊軍之殺傷。然至十八世紀、思想變遷之結果。敵國私人。既不參加敵對行為。不得直接攻擊殺傷之。但不免蒙作戰行動之影響。受間接之加害耳。例如礮擊都市之際。居民偶然死之。不得已也。又敵國私人。原則上不得俘虜之。然為軍隊之安全計。戰爭之成功計。維持占領地之秩序計。維持占領軍之權力計。可加以拘禁。或其他必要之處分。而拘禁之原因。非為犯戰時重罪。或違背占領地法令之故。則可照非戰鬪員之為俘虜者。同樣待遇。例如有羣衆敵對之處。拘束居民中之有力者。是對於敵之私人。出於前述必要之處分。有種種。占領之際。占領軍屢加私人以前述之處分。但關於此等處分。海牙陸戰條規設種種限制。可分為二類。(一)處分目的上之限制。例如不得強制敵國人參加敵對其本國之作戰動作。(第二十三條第二項)不得強制占領地人民供給關於他方交戰國之軍情。(第四十四條)不得強制占領地人民矢忠於敵國。(第四十五條)(二)處分內容上之限制。例如尊重家之名譽權利。個人之生命財產。宗教之信仰奉行。(第四十六條第一項)私產不得沒收。(第四十六條第二項)除戰爭必要不得已外。不得收押破壞敵之財產。（第二十三條第一項）敵國之元首及達官。不屬於敵國之兵力者。亦爲非交戰者。其不受攻擊殺傷。與敵國之私人同。但有異於敵國之私人者。卽原則上可俘虜之是也。

第二章　俘虜

第一節　俘虜之沿革

古時殺戮奴隸俘虜。至於中古末葉。俘虜尙待遇如罪囚。以爲在於虜者之軍隊或兵士之權力下者。不以爲國家之俘虜也。故虜者有得贖金而釋放之者。十七世紀頃。俘虜在虜者權力下之觀念漸衰。認爲在君主之權內者。然尙未有關於俘虜待遇之規則。十八世紀終。以爲俘虜自由之受拘束者。非爲刑罰。始與罪囚之待遇區別。至於十九世紀。則優遇俘虜。所以俘虜敵人者。無非爲減少敵之抵抗力。故除必要處置。俾不再加入敵之兵力外。不復加以虐待。自十九世紀終至二十世紀初思想上更進一步。俘虜受必要之拘束以外。應與虜者之國之兵士同樣待遇。

第二節　可爲俘虜之人

一朝開戰。則世人可分爲三種。(一)可爲俘虜者。(二)不可爲俘虜者。(三)不能爲俘虜者。間諜無爲俘虜之資格。是爲不能爲俘虜者。從事衛生勤務之人員及軍隊附屬之教法者等。無論交戰國何方。悉應尊重保護。是爲不可爲俘虜者。而可爲俘虜者。不出左之數種。

(一)屬於一國兵力之戰鬭員及非戰鬭員。被敵捕獲。則有受俘虜待遇之權利。

(二)新聞通信員從軍商從軍工等非直接爲軍之一部者。陷於敵之權內。敵認爲可以拘留。則此項人員苟攜帶其所屬陸軍官憲之證明書。亦有受俘虜待遇之權利。

(三)君主國之君主、皇族、共和國之大總統及一切國務員。假令不屬於軍。亦可爲俘虜。

(四)附屬於軍之文官亦然。

(五)雖不屬於軍而戰爭之必要上須拘留者。例如顯要之文官。書信傳達者。嚮導者。及航空機駕駛員等。

(六)未占領地方羣衆敵對之人民。

(七)一方軍之傷者病者。陷入敵之權內時。亦有俘虜之身分。

第三節　俘虜之待遇

以人道待遇俘虜。爲今日之原則。俘虜一身之物。除軍器馬匹及軍用書類外。仍爲其所有。如欲豫防俘虜逃走或抵抗。可限制其自由。然不得加以不必要之限制。故可置俘虜於城塞都市陣營及其他之地方。俾不得出一定地域以外。有保安上之必要。則可幽閉之。俘虜有不從順之行爲。可對之施行嚴重手段。惟對於俘虜之將校。則待遇較優。若有誓不遁走之約。可使寄寓民家。國家可役使將校以外之俘虜。而俘虜亦可請求爲公務所私人或自己勞動。國家役使俘虜。須遵守三條件。（一）勞務須適應其階級及技能。（二）不可過度勞動。（三）須與一切作戰動作無關係。俘虜爲公務所或私人服勞者。公務所或私人要與陸軍官憲協定條件。對於俘虜勞動之報酬。先供減輕其境遇艱苦之用。其餘額充給養費。若尚有餘額。解放俘虜時交付之。

無論俘虜是否得勞動之報酬。交戰國政府須給養俘虜。關於糧食寢具及被服與俘虜國政府之軍隊同樣。且俘虜將校可受俸給與虜者國內同階級之將校同樣。但此項俸給在戰爭終了後。應由本國政府償還。

俘虜須遵守陸軍官憲所定關於秩序及風紀之規律。俘虜自身宗教上之信仰則全然自由。故可參列宗教上之禮拜式。

俘虜收發之信書。郵匯。有價物件及小包郵物。免除郵費。又對於俘虜之贈品及救恤品。免除關稅及其他各稅鐵路運費等。

俘虜若被訊問其姓名階級須以實答。若不以實答。則減少其應受之利益。

第四節 俘虜之遁走

俘虜圖遁。則可使用兵器以妨之。若有必要。得槍斃之。俘虜遁走未遂。再被捕者。可付懲罰。俘虜遁走既遂。再爲俘虜者。對於前次之遁走不受罰。

第五節 俘虜身分之終了

俘虜之身分。依其次原因而終了。(一)俘虜之交換。(二)宣誓解放。(三)非宣誓解放。(四)遁走。(五)隨捕俘虜之軍同入中立區域。(六)戰爭之終了今說明於左。

俘虜之交換　古時多交換俘虜。近時之戰爭。鮮有行之者。交換行於同階級者間爲常。

宣誓解放　宣誓解放者。俘虜宣誓在戰爭中不再操兵器之解放也。宣誓概用書面。俘虜須簽字。雖然交戰國政府無承允俘虜宣誓解放之要求之義務。俘虜亦無强諾宣誓解放之義務。旣宣誓解放。則俘虜對於本國政府及虜者之國之政府有履行誓約之義務。俘虜之本國政府。亦不可命俘虜爲違背宣誓之勤務。俘虜宣誓解放後。再操兵器而被捕。則可付諸裁判而處罰之。普通處以死刑。宣誓解放惟許將校。至於兵士。則俘虜之本國法苟許之。亦可適用。

非宣誓解放　此項解放極少。如虜者之軍因爲敵軍所迫。急於退卻。或因受攻圍而糧食缺乏。則俘虜不須宣誓而解放。

遁走　已如前節所述。

隨捕俘虜之軍同入中立區域　此當述於後。

戰爭之終了　戰爭依和約之締結而終了。則理論上俘虜之身分。隨和約之締結而終了。然俘虜非依戰爭終了而可立卽解放者。在俘虜歸本國以前。依然可令其遵守軍之規律。故海牙陸戰條規惟定務速歸還本國而已。戰爭依一方交戰國之征服的合併而終了。則理論上俘虜之資格。依合併而消滅。實際上合併後尚有留置俘虜之必要者。此則與普通之內亂情形相同。已不可適用國際法上之俘虜規則。

第六節　俘虜情報局及俘虜救恤協會

開戰時各交戰國須設俘虜情報局。中立國收容交戰者於其領內。則亦須設立之。關於俘虜事情之問訊。情報局有答復之義務。情報局應將俘虜之留置、移動、解放、交換、逃走、入院、死亡及其他事項記入報告書。又報告書中所宜記載者。號數、姓名、年齡、籍貫、階級、所屬部隊、負傷、捕獲、留置、傷亡時日及所在及其他一切備考事項。和平恢復後。情報局須將報告書交付他方交戰國之政府。又情報局須收集俘虜所遺或在戰場所得之一切自用品。有價物書信等。傳送於其關係人。情報局享郵費免除之特典。

海牙陸戰條規又承認俘虜救恤協會之行動。協會由交戰者給以一切便宜。協會代表可在俘虜收容所及送還俘虜之途中休泊所。分給救恤品。但協會代表應向陸軍官憲取得免許狀。並須服從該官憲所定關於秩序及風紀之規律。

第三章　傷者病者之救護及軍隊衛生上之機關

第一節　概論

古時虐待戰場上敵國之傷者及病者。侮辱屍體。掠奪財物。習以爲常。十七世紀以來。列國往往締約。互相救護敵之傷者。然此不過禁止殺戮虐待傷者而已。及至一八六四年。關於戰地傷者病者之狀態。極意改良。締一紅十字條約。該約共十條。至一九〇六年。更締三十三條之新紅十字條約。該約規定傷者及病者之待遇。死者之保護。軍隊衛生上之移動機關及固定營造物。衛生人員及教法人員之特權。

屬於衛生移動機關固定營造物及救恤協會之材料。後送機關。濫用紅十字徽章及其違背之禁止等。以後當順次說明之。

第二節　傷者及病者之救護

占領戰場者應保護傷者及死者。不得掠奪及虐待。軍人或屬於軍隊之其他人員而傷病者。不問國籍如何。交戰者應尊重看護之。交戰者不得已遺棄傷者病者於敵時。務將衛生部員及衛生材料之一部分一共遺棄。俾可幫助看護一方交戰者之傷者病者。陷入他方交戰者之權內。既享上述看護之利、且亦有適用俘虜規則之權利。交戰者可互相協定有利於傷者病者之事項。而於左之三端。尤有協定之權利。

（一）互相交付遺棄於戰場之傷者。

（二）不欲爲俘虜之傷者及病者。全治後。或非全治而堪輸送後。送還其本國政府。

(三)附以戰爭終了前留置於中立國之條件交付敵之傷者病者於中立國。各交戰者應速將傷者病者之名簿交付傷者病者之本國官憲或其所屬陸軍官憲。各交戰者應互相知照傷者病者之留置、移動、入院、死亡等。陸軍官憲可訴於居民之慈善心。對於有慈善心之居民給以特別保護及一定特典。俾在官憲監督之下收容看護兩軍之傷者病者。

第三節　衛生機關

衛生上之移動機關及固定營造物。苟非爲害敵之用。兩交戰國應尊重保護之。故豫備病院野戰病院等而關係戰鬭。庇護戰鬭員或間諜。自供間諜之用。隱匿軍器彈藥。用衛生汽車輸送兵士等。則失其受尊重保護之資格。但左之事實不在此列。

(一)移動機關固定營造物之人員爲自己或傷者病者之防衛而使用兵器。
(二)武裝看護人不在之時。步哨或衛兵攜帶正式命令。守衛移動機關固定營造物。
(三)軍器及藥筒自傷者收得而未交付所轄部署者。在移動機關固定營造物內發見時。

第四節　衛生機關所屬人員

凡從事傷者病者之收容、運送、治療並衛生上之移動機關固定營造物者及軍隊附屬之教法者。悉有受尊重保護之資格。陷入敵之權內時。不作俘虜待遇。攜正式命令之守衛人員亦然。交戰者對於此項人員應與以給養及俸給。而給養及俸給當準己國軍隊之同等級者。

本國政府適法認可篤志救恤協會之人員。用於移動機關及固定營造物者。亦有受尊重保護之資格陷入敵之權內時。不作俘虜待遇。中立國認可之協會而經政府承認其從事救護者亦然。惟此項協會。須經交戰國之許可。無論是否爲本國政府適法認可之協會。在交戰國一方有效使用以前。須通告交戰國之他方。前述之人員。陷入敵之權內時。應繼續行其職務。及無須此項人員之幫助則可送還其所屬軍隊或本國。其私有被服、器具、軍器及馬匹。可聽其攜去。

第五節　衛生機關之材料

陸軍衛生上之移動機關。陷入敵之權內時。不問其輸送方法及護送人員如何。仍可保有其材料。故原則上不得收押其材料。第所轄陸軍官憲有權借用於傷病者之看護。及無須借用此項材料。則應送還其所屬軍隊或本國。且務隨衛生人員同時送還。

陸軍衛生上之固定營造物。陷入敵之權內時。房屋由敵軍管理。材料爲敵軍收押及沒收。然此等物件。倘須供傷病者之用。則不得變更其用途。如有軍事上之重大必要。不得不變更其用途。則須先將病院內之傷病者移置適當場所。以謀其安全。而後可便宜處分之。

救恤協會之材料。視爲私有財產。應尊重之。但占領軍可得徵發之。

第六節　後送機關

後送機關。原則上與衛生上之移動機關同。惟遮斷後送機關之交戰者。有軍事上之必要。則另行安置傷病者之後。可解散之。解散後送機關時。對於後送機關之人員材料及輸送物件等。應分別辦理如左。

（一）衛生人員。當送還其所屬軍隊或本國。攜正式輸送或護衛命令之軍人軍屬。亦應送還。從事鐵路或船舶之輸送者。雖非軍人軍屬。亦應送還。

（二）後送機關之材料。適用移動機關衛生材料付還之規定。

(三)不專屬衛生勤務之軍隊車輛而供後送機關之用者。作爲戰利品。

(四)因徵發而得之各種輸送物件。應付還所有者之私人或再徵發之。

(五)從屬後送機關之普通人民。解散或徵發之。

前述紅十字條約後送機關之規定。不適用於攻圍地之傷者及病者。

第七節 紅十字徽章

白地紅十字徽章。爲軍隊衛生勤務上之特別徽章。此項徽章。專用於衛生上之移動機關固定營造物人員及材料。所以重保護也。紅十字徽章旗之揭揚於移動機關及固定營造物。要得陸軍官憲之許可。揭揚紅十字旗同時亦須揭揚己國之旗。但移動機關陷入敵之權內。則僅可揭揚紅十字旗。紅十字徽章亦可用於衛生勤務之旗。臂章及一切材料。惟須得陸軍官憲之許可。受紅十字條約保護之人員。可用所轄陸軍官憲蓋印之臂章。其不著軍服者。除此臂章外。尙須攜帶所轄陸軍官憲之認識證明書。始能受交戰者之完全尊重與保護。例如救恤協會之會員是。

第八節　死者之保護

敵之兵士。既死不復爲敵。兩交戰國互應尊重對方國兵士之屍體而保護之。不許掠奪及虐待。故須綿密檢查屍身。確定其生死及姓名。而後可以付火葬或土葬也。各交戰者發見死者軍隊之認識票或證明身分之記號。務速交給其本國官憲或所屬陸軍官憲。敵國死者所有之兵器馬匹及軍用書類。可作爲戰利品而沒收之。其所攜金錢、寶石、雜物、應交給其利害關係人。紅十字條約規定一切私用品、有價物、書狀等在戰場發見者。或係死亡者遺留於固定營造物及移動機關內者。應收集之。俾所屬陸軍官憲傳送於利害關係人。此項收集之任務。據海牙陸戰條規屬於俘虜情報局。

第四章　突擊攻圍礮擊

第一節　攻圍

攻圍者。以兵力圍困敵地絕其內外之交通與糧食之供給而使之降伏也。對於不防守之地方。可否施以攻圍。海牙陸戰條規雖未言明。理論上當然不可施行攻圍。既施攻圍。則適用攻擊防禦等害敵手段之一般規定。（海牙陸戰條規第二十三條）又攻圍而兼施礮擊則應尊重保護宗教、技藝、學術及慈善等建築物。歷史上之紀念物。病院及病傷者之收容所等。

攻圍之際。攻圍軍有許攻圍地內老幼婦女及病傷者之退去者。然攻圍軍無必須許可此項人民退去之義務。對於此項人民之壓迫。或可使受攻圍之敵軍降伏。且許此項人民退去。攻圍地不啻爲敵軍節約糧食。是有害攻圍之目的者也。故不許退去。假令人道上不免慘酷。亦不得已也。中立國人之在攻圍地內者。攻圍之前。或攻圍之始。可許其退去。過此時期。則與其他之和平人民同樣待遇。惟在攻圍地內之中立國外交官。則欲退去攻圍地之際。攻圍軍不得妨之。攻圍地內之中立國外交官。可否不經攻圍軍之檢閱而與本國政府通信。頗有議論之餘地。今日大抵趨於限制其交通之勢。

第二節 突擊

突擊者。對於敵國之兵力的突進攻擊也。對於不防守之都市、村落、住宅、建築物等不可施以突擊。是海牙陸戰條規所明禁者也。既施突擊。則適用攻擊防禦等害敵手段之一般規定。(海牙陸戰條規第二十三條)突擊不須通告被突擊之地方官憲。以突擊攻取之地方不得掠奪。

第三節 礮擊

礮擊者。對於敵之軍隊、艦隊、或敵所據之城塞、防禦工事、都市、村落、住宅、建築物發射礮彈也。對於不防守之都市、村落、住宅、建築物等。不得施以礮擊。所謂防守都市者。不必要繞以城塞或護以近傍之礮臺。苟敵軍據守。則可認爲有防之都市矣。其繞以城塞護以近傍之礮臺者。可推定爲有防者。苟不抵抗之態度未明著。則得施以礮擊。不得礮擊不防守之都市。可謂交戰法規上之一大進步。

攻擊軍之指揮官。除强襲外。開始礮擊之前。應通告被礮擊地方之官憲。然有特別事情。不能通告。則可施不通告之礮擊。通告之目的。在使礮擊地內之私人保護其身體及貴重私有財產。

礮擊之際。應尊重保護宗教、技藝、學術及慈善等建築物。歷史上之紀念物、病院及病傷者之收容所等。而被礮擊者。應豫以易於瞭見之特別徽章表示之。

第五章　奇計

第一節　奇計及背信行爲

奇計者。爲欲使敵陷於誤謬而占戰鬬上之利益之權略也。海牙陸戰條規認奇計爲適法。雖然。此爲原則之規定耳。某奇計而特別規定認爲不法者。當然爲不法行爲。例如以背信行爲殺傷敵人是。故單純奇計。須與包含背信行爲之奇計區別。所謂背信行爲者。交戰者互約戰爭中之行爲而故意背之。或戰時習慣上所許之事項。用以欺敵等是。此項背信行爲。有違俠義之精神。且增加戰禍慘酷之程度。故國際法上不許用以殺傷敵人也。今具體說明之。則如一面締結休戰規約。或要求停止戰鬬。一面開始敵對行爲。以乘其不備。又如欲得退卻之機會。或待援兵到後開始敵對行爲。締結休戰規約。或爲降伏之表示。又如本無休戰之意而揭休戰旗。以欺敵人。或不當受紅十字條約之保護而揭紅十字條約之徽章。以占戰鬬上之利益。是皆可目爲背信行爲也。

第二節　奇計與國旗軍用徽章及敵軍制服之利用

交戰之際。不得使用非自己之正當國旗軍用徽章及制服。此爲世人所共認者也。第學者或謂在實戰開始前。或在實戰終了後。欲近敵或遠敵。權略上可用非自己之國旗軍用徽章及制服等。夫海牙陸戰條規禁止擅用軍使旗國旗軍用徽章及敵軍制服。設非擅用。是可得使用者也。而關於擅用與非擅用間之區別標準。尙有議論之餘地。或謂使用非自己之國旗軍用徽章及敵軍制服。在實戰開始前。或在實戰終了後者。不屬擅用。故不受陸戰條規禁止之拘束。或謂使用非自己之國旗軍用徽章及敵軍制服於對敵之奇計。無論在實戰中與否。悉屬濫用。故不法也。後說較爲得當。

第三節　奇計與紅十字條約之徽章及軍使旗之使用

紅十字條約之特殊徽章。專用以標識衞生勤務上之營造物機關人員物件等。用於此項目的以外者。爲背信行爲。卽陸戰條規之所謂擅用也。又軍使旗專用於派遣軍使之時。若用以使敵陷於誤謬而占戰鬬上之利益者。爲背信行爲。亦卽陸戰條規之所謂擅用也。

第六章　間諜及戰時叛逆之利用

第一節　概論

行使必要手段以探知敵情及地形者。適法行爲也。故可用間諜。可使敵人報告其本國軍或防禦手段之情形。可使敵軍占領地上之己國人或中立國人報告其所見聞。敵國人報告其本國情形。是爲敵國國內法上之叛逆。敵軍占領地上之己國人中立國人報告其所見聞。是爲國際法上之戰時叛逆。此外尙有種種戰時叛逆之利用（參觀第一編第二章第三節）敵國捕獲間諜並戰時叛逆者。可處以嚴罰。

第二節　間諜

戰時國際法上之間諜。要備四條件。(一)有通報一方交戰者之意思。(二)在他方交戰者之作戰地帶內。(三)隱密行動。或以虛僞口實行動。(四)現在蒐集情報。或將欲蒐集情報。旣具上述四條件。則不論其人是否爲軍人。不論是否爲將校。不問有敵國之國籍與否。不問有無長官之命令。皆可謂戰時國際法上之間諜。是故不變裝之軍人。以蒐集情報之目的而進敵軍之作戰地帶內者。不認爲間諜。公然執行傳達信件之任務者。不認爲間諜。乘輕氣球而傳達信件者。不認爲間諜。然使公然執行傳達信件之任務者。在敵之作戰地帶內蒐集情報。則可謂已備間諜之要件。又乘輕氣球航空船空中飛行機等公然偵察敵情者。固不得謂爲間諜。若用虛僞之口實。則爲間諜矣。

戰時用間諜。國際法所承認也。然探知敵軍軍情之手段。往往重名譽者之所不屑爲者。且隱密行動。或以虛僞口實行動而探知軍情者。在對方之軍極感危險。故有嚴罰之必要。敵軍捕獲間諜。則恆處以絞殺之嚴刑。第現行間諜被捕。則非經裁判。不得處刑。恐有現行間諜之嫌疑者。不經裁判而絞殺之。則或致無辜者亦横被嚴刑也。間諜既歸所屬軍後。爲敵所捕。當待之如俘虜。對於前之間諜行爲。毫不負責。

第三節　戰時叛逆

普通所謂叛逆罪者。一國軍人或普通人民對於其本國所犯之罪也。國際法上所謂戰時叛逆罪者。乃(一)居住侵入地或占領地之敵國人或中立國人之行爲。(二)或一時來此項地方之敵國人或中立國人之行爲。(三)居住一方交戰國領內之敵國人或中立國人之行爲。或(四)一時進一方交戰國領土內之敵國人或中立國人之行爲也。海牙陸戰條規之於戰時叛逆。雖無明文之規定。習慣國際法上則承認戰時叛逆之利用。與間諜同。又犯戰時叛逆者。無論是否爲軍人。不問現行中被捕者與否。後日可處罰之。是故一方之交戰國。可利用敵國人叛逆其本國。

或賄賂敵之城塞指揮官而降伏之。或誘敵軍脫伍。或向敵將賄買軍情。或誘敵國人背叛其本國政府。他方之交戰國捕獲此等戰時叛逆者。可處以嚴罰。

第七章　敵國領土之占領

第一節　占領之性質

占領者。交戰國一方之軍隊侵入他方之陸地。事實上排除敵國之權力。置該地方於其權力之下也。古時交戰者占領敵地。則作爲己國之領土。任意割讓他國。或迫占領地之居民對於其本國施敵對行爲。至十八世紀後半。戰時占領始截然與征服區別。然國際法上充分承認此區別之結果者。在十九世紀。從來之觀念以爲被占領國行使主權之權利。因占領而終止。現今則不然。被占領國之主權行動。不過事實上中止而已。占領國得依占領事實一時行使其權力於占領地。或謂占領不外乎事實。占領者之權力。事實上之權力也。法律上占領者與居民之關係。與占領前無異。此矯枉過正之說也。占領固屬事實。而國際法規定占領事實之成立條件並占領事實之結果。就中特定占領者可行一定範圍之權力。則占領事實成爲國際法上之觀念。而占領者施於居民之權力。成爲法規上之權力矣。然則國際法上占領者與居民之關係。與占領以前同者。誤也。要之占領者施諸占領地之權力。非單純事實上之權力。國際法上規定其有效之條件及行動之範圍。在一定條件下一定範圍內認爲有效之法規上之權力也。但是否可認爲占領國國內法上主權之一部。則不無議論耳。雖然。就國際法討論占領者之權力性質。既知其非爲單純事實上之權力而爲國際法上之權力。則足矣。

第二節　占領開始時期及占領區域

一地方事實上歸敵國之權力內時。則其地已被占領矣。而占領以占領軍權力所能行使之區域爲限。實際一定地方歸占領軍權力內之時期如何。占領軍權力所能行使之區域如何。當依事實判斷。凡占領與侵入異。占領一地方云者。要施維持秩序之行政行爲於其地。又占領軍權力所能行使之地方云者。不須兵力處處配置於占領地。占領軍須行使權力於其中之一地點時。則在相當之時間能送充分之兵力於該地點可矣。

第三節　占領者對於占領地居民之權力

占領者雖不得僅依占領事實領有占領地。而可依占領事實行使一定權力於其地。占領者排斥敵國權力之施於占領地。要求居民服從其一定範圍之權力。故占領者爲自身軍事上之利益計。爲居民之公益計。須施政於占領地。於是現今之國際法。承認占領軍有一定之權力。同時使占領軍負擔一種重大之義務。卽務盡其所能以恢復公共秩序及生活而確保之是也。

國際法上承認占領者在占領地能行使一定範圍之權力。故在此範圍內占領者之施設。占領終了後。領土所屬國之政府。不得不承認之。占領者施政之際。固不受其地憲法法律之拘束。然占領者爲戰爭目的而占領。則其行動當以其兵力之維持及安全並軍事上之成功爲前提也。又占領者對於占領地無領土權。其所施之權力。帶一時之性質。或軍事之性質。故其權力之範圍。受軍事目的之限制。苟非爲維持占領地之安寧秩序。則無須變革法律及行政。海牙陸戰條規規定國之權力既事實上移於占領者之手。苟無絕對之阻障。應尊重占領地之現行法律。務盡一切手段以恢復公共秩序及生活而確保之。即此意也。占領軍可行使權力於占領地域內。故占領地域內之居民。不問是否爲敵國人。須服從占領軍之命令。雖然占領軍對於居民之權力。非絕對無限制者。海牙陸戰條規設限制三端如次。(一)不得强制敵國人加入對本國之作戰行動。(二)不得强制占領地居民報告敵軍或其防禦手段之情況。(三)不得强制占領地人民宣誓忠誠。又占領軍雖可行使徵稅權及科刑權。然亦各有限制。關於徵稅權者。(一)務照現行賦課規則徵稅。

(二)行政費之支用程度。當準占領地所屬國之政府所支用者。關於科刑權者。不得因爲個人之行爲科以金錢上及其他之連坐罰。

第四節　占領地之敵國行政官及司法官

占領軍可免領土所屬國官吏之職。亦可使之繼續執行其職務。但非有必要不得已之事故。不得强使執行職務。既允執行職務之官吏。可使宣誓從順。說者謂不能强制領土權國之官吏以占領者之名執行職務。同時可禁止以本國之名執行職務。其實占領者可利用敵國官吏爲其機關。以占領者之名義使敵國官吏執行職務。至於司法官吏。則占領軍亦可免其職。但既免其職。須另行任命裁判官。領土所屬國之裁判官。允在占領軍權力下執行職務。則可從其國之法律。尊重其獨立。普通裁判所適用之民刑法律。原則上爲領土所屬國之法律。但有必要。如維持軍事上之目的。或公共秩序及安寧。亦可一時停止。或變更實體法或手續法之規定。

又有關戰爭或軍隊安全之居民犯罪及屬於占領軍者之犯罪。當依照占領國之軍法。在軍法會議或軍事裁判所裁判之。普通裁判所之裁判。如有必要。亦可付軍事裁判所執行。關於領土所屬國裁判所之裁判。說者謂占領軍不得强以占領國之名義、裁判同時可禁止以本國之名義裁判。伯倫知理謂當以法律之名義裁判。似屬得當。

第五節　占領之終了

占領終了之原因不一。或占領軍自動撤退。或占領軍爲敵所擊退。或戰爭終了。或爲領土所屬國及其同盟國以外之第三國所擊退。若領土所屬國及其同盟國以外之第三國擊退占領軍後。不交還領土所屬國。則爲第三國之占領。占領終了。交還領土所屬國。則被占領國之主權。當然完全恢復。雖然占領軍權力範圍內之行爲。在占領終了後。領土所屬國須承認之。例如占領者徵收租稅賣卻不動產之果實。處分國有動產或其他戰時法所承認之行爲。領土所屬國在恢復占領地後不得不承認其法律上之效力。但此等行爲之效果。可限於占領繼續期間。過此期間。可否認之。占領軍之違法行爲。在占領終了後。當恢復法規上之原狀。若占領軍沒收賣卻國有不動產及其餘占領者所不得沒收之公私財產。則領土所屬國可向買主取還。無須償價。

第八章　敵國之公有財產

第一節　在敵國之公有不動產

敵國之公有不動產而有關軍事者。例如要塞、兵營、兵器廠、造船所、倉庫、鐵路、橋梁、船渠等。占領軍可任意使用。如有戰爭上之必要。並可毀損破壞。惟不可沒收。其無關軍事者。則占領軍不過爲用益權者與管理者。例如占領者可賣卻國有地之農產物。採伐國有森林之樹木而賣卻之。採掘鑛山而使用之。占領期內賃貸國有土地房屋。此皆不過爲用益權者之行爲而戰時法所認許者也。然其使用不得毀損財產之基本。但有戰爭上之必要。此項公有不動產。可用於軍事。且萬不得已之際。亦可毀損破壞之。雖然。敵國公有不動產中有應與私有財產同樣辦理者(一)宗教、慈善、教育、技藝、學術用之建設物。(二)市鄉之公有財產。對於以上二種敵國之公有財產。占領軍須尊重保護之。

敵國之公有不動產。不問國有與市鄉公有。不論是否供宗教、慈善、教育、技藝、學術之用。有軍事上之必要。則可充兵士之宿舍。傷兵病兵之治療所。兵器收藏所。非有萬不得已之必要。不得爲發生損害之使用。凡供宗教、慈善、教育、技藝及學術用之建設物。歷史上之紀念建築物。技藝及學術上之製作品。不得故意收押破壞毀損。且犯者可訴追之。

第二節　在敵國之公有動產

敵國公有動產直接間接可充軍用者可得收押而沒收之此外之公有動產不得收押而沒收之海牙陸戰條規曰占領一地方之軍除國有現金基金有價證券貯藏兵器輸送材料在庫品糧秣及其他可供作戰動作之國有動產外不得收押即此意也敵國公有動產中有應與私有財產同樣辦理者(一)屬於宗教慈善教育技藝學術等建設物者(二)屬於市鄉公有者對於以上之二種公有動產占領軍須尊重保護之

第三節　戰場上敵之公有動產

古時交戰者對於戰場上敵之動產不問公有與私有皆作爲戰利品而收押之今日則戰場上發見之兵器馬匹軍用書類不問公有私有作爲戰利品此外之私有財產雖屬於兵士者不得作爲戰利品至於戰場上敵之國有動產則占領之際與在敵國之動產異不問直接間接可充軍用與否苟爲國有動產可作戰利品而

收押之而戰利品應歸收押國之何人專屬國內法今姑從略

第九章　敵國之私有財產

第一節　在敵國之私有不動產

敵人私有不動產之在敵國者戰時不免有受損害或破壞然侵入軍不得沒收之並不得使用或賃貸但私有土地房屋因軍事上之必要可一時使用之例如私人之住宅有軍事上之必要則可用作病院、兵士宿舍、廐圉、軍隊之蔽障、防禦物、觀測臺等

第二節　在敵國之私有動產

在敵國之私有動產直接可充軍用者可得收押之但和平恢復之際應付還且決定賠償此外之私有動產以不收押爲原則至於掠奪則在嚴禁之列雖然徵收

及徵發。非法之所禁。且有萬不得已之必要。則可收押糧秣、被服、薪炭等。宗教、慈善、教育、技藝及學術用之建設物。歷史上之紀念物。技藝學術上之製作品。不得故意收押破壞毀損。且犯者可訴追之。

第三節　戰場上敵之私有動產

古時對於戰場上敵之動產。不問公有與私有。作爲戰利品而收押之。今日則兵器、馬匹、軍用書類。縱屬私有。可作爲戰利品。此外之私有財產。雖屬於兵士者。不得作爲戰利品。戰場上發見（兵器馬匹軍用書類以外）之一切自用品、有價物、信書等。不可收押或沒收。當傳送於其關係人俘虜情報局。卽有此項任務。

第四節　開戰後進來敵人之私有財產

戰時進一方交戰國領土之敵人私產。一般國際條約中。尙無明文規定。今日則開戰之際進一方交戰國領土之敵人私產。不得沒收。但可供敵之軍用者。可妨其出國。又爲軍事上之目的可收押之。收押之。則恢復和平之際。應付還。且決定賠償。

第十章 徵收金及徵發

第一節 定義

徵收金者。交戰國軍隊向敵地居民或市鄉徵收之現金云爾。廣義釋之。則爲侵入軍隊代徵領土國所徵收之稅金。然從嚴正解釋。則占領軍隊爲軍之需要或占領地行政上之需要向敵地居民或市鄉徵收之現金也。

徵發者。交戰國軍隊向敵地居民或市鄉徵收必要之物件也。課役亦爲徵發之一種。不徵收物件而課必要之勞務於人民者也。

第二節 沿革

戰時徵收金及徵發。考諸沿革。實爲掠奪敵國人私產之秩序的方法。國際法初成之頃。交戰國沒收敵國之公私財產。不禁私產之掠奪。十七世紀末葉以來。敵地軍隊之給養。依此慣例。反覺困難。於是占領軍訴於利己心。不敢濫行掠奪。當時法理論上。謂交戰國有沒收公有私有財產之權。而交戰國不實行此權利。仍向侵入地人民用徵收金及徵發以代之。其實初不視爲掠奪之秩序的方法。而視爲掠奪之代償也。故於徵發之物件。非特不付現金。並亦不給收據。然至十九世紀。則爲欲免濫徵計。對於徵收金及徵發。給與收據之例漸多。且對於徵發支付現金。據十九世紀末葉之實例。陸戰徵收金及徵發。乃占領軍施於占領地者。指揮官對於徵收金。給與收據。對於徵發。則付現金。其或不付現金者。給與收據。一面防濫徵之弊。一面供講和後索償於自己政府之便。雖然關於徵收金及徵發之額。尙未定有限制也。洎海牙陸戰條規限制徵收金及徵發。並規定私人或市鄉取償徵發之道。於是徵收金及徵發之性質。一變其面目。

第三節 徵收金

(一)凡徵收金之用途。限於軍之需要及占領地行政上之需要。(二)須有總指揮官之命令書。方得徵收。(三)務照其地現行課稅規則徵收。(四)對於繳納徵收金者。應給與收據。不得因箇人之行爲而科人民以金錢上及其他之連坐罰。故不得因都市一部人之敵對行爲而科都市全體以徵收金。

第四節 徵發

關於現物徵發及課役。則(一)限於占領軍之需要。(二)要占領地方指揮官之命令或許可。(三)須適應其地之資力。(四)其性質要無使人民負敵對其本國政府之義務者。(五)對於現物之供給。務付現金。否則給與收據以證明之。且務速履行支付之義務。供給兵士宿舍之命令。亦可視爲徵發之一種。故可使供給定數將校兵士之宿所寢具及食物或馬匹之廄圉及芻秣此可適用物品徵發之規定。

第十一章　敵產之破壞

第一節　破壞

古時侵入軍隊屢屢燒毀破壞其所不能使用掠取之敵產其後戰爭慣行雖趨和緩而交戰國尚以爲保有破壞敵產之權利雖然實際無特別理由而施破壞者已稀今日破壞敵產之權利認爲已經消滅原則上不得破壞敵產惟戰爭上萬不得已者許破壞故因攻擊或防禦而破壞毀損敵產出於戰爭上必要不得已者是爲適法行爲因適法之轟擊而破壞敵產亦然且不獨戰鬬之際可破壞敵產因準備戰鬬或準備攻圍而破壞敵產亦屬適法行爲又爲進軍退軍輸送偵察而破壞敵產亦然此外如占領敵之要塞可破壞要塞占領敵之兵工廠可破壞其器械占有敵之貯藏兵器恐再落敵手可破壞貯藏兵器凡適法之破壞不負賠償之義務

由此觀之。敵產之不得破壞。是相對的不得破壞也。雖然占領地上宗教、慈善、教育、技藝及學術等建設物。歷史上之紀念物。技藝及學術上之製作品。絕對不得故意收押破壞或毀損。違者可訴追之。

第二節　一般的荒壞

海牙陸戰條規禁止收押或破壞敵產。而出於戰爭上萬不得已者。仍可收押或破壞之。然則一地方敵產之一般的荒壞。是否爲適法行爲。不失爲研究問題之一。所謂一般的荒壞者。房屋、樹木、水道、耕作物、食料品、被服類等之破壞燒毀也。解釋上苟屬戰爭上必要萬不得已者。可施一般的荒壞。而此必要萬不得已者。例如占領地方羣衆敵對之際。又敵雖已失繼續戰鬭之力。而尙分爲小隊。隱現出沒。繼續敵對行爲者是。但施一般的荒壞。則須爲荒壞地方之和平人民設法安置。例如集人民於一定場所。而供給宿舍糧食是也。

第三編　海戰法規

第一章　海戰概說

戰爭之軍事目的。在於挫折敵之抵抗力。而達此目的之手段。海戰與陸戰異。一國之海軍任務。不僅打破敵國海上或沿岸之戰鬬力。並須妨害敵之商船使用海洋。（敵國商船之拿捕）防止敵人海洋與沿岸之交通（封鎖及海底電線之切斷）妨害有害己國軍事目的之中立國船舶航海（輸送戰時禁制品或爲軍事幫助之中立國船舶之拿捕）掩護己國之商船。防衛己國之沿岸。援助己國之陸軍等。故海戰加害手段。有其次之數種。敵船之攻擊及拿捕敵船及其搭載貨物之破壞。敵人之殺傷俘虜。敵國沿岸之礮擊。海底電線之切斷。輸送戰時禁制品或爲軍事幫助之中立國船舶之拿捕、封鎖、奇計、間諜及戰時叛逆之利用等。

海戰與陸戰同。其害敵手段亦有限制。惟陸戰有海牙陸戰條規之規定。海戰無如此之法典。故其限制惟可求之條約或國際習慣法。海戰害敵手段之最重要者。爲敵船之攻擊及拿捕。當詳述於次章。

第二章　敵船之攻擊及拿捕並海上公私財產之處分

第一節　公船之攻擊及拿捕

敵之軍艦及其他之公船。可在公海或兩交戰國之領海攻擊之。受攻擊之艦船。自可防禦或反攻。固不待言。

攻擊敵之軍艦。可用大礮射擊。魚形水雷射擊。敷設水雷。航空機上發射物或爆裂物之投下等手段。間或登敵艦而殺傷俘虜其乘員。

航空機上投下發射物或爆裂物。限於不加盟海牙禁止宣言者能施用。魚形水雷不命中時仍有害者。不可使用。此海牙條約所禁止者也。

至於敷設水雷。則論者或謂不可敷設水雷於公海。然公海認爲交戰國之交戰區域。苟非別有特別國際法規之規定。則敷設水雷於公海。非不法行爲。公海中之水雷敷設。危及中立國船之事實。不足以左右法理論上之結論。然敷設水雷之危險甚大。日俄戰役嘗經驗之。故第二次海牙會議有自動觸發水雷敷設之條約。茲舉示其要點。(一)無繫維自動觸發水雷。離敷設者之監理後。至久一時間內無害者外。不得敷設。(二)繫維自動觸發水雷。離繫維後立即無害者外。不得敷設。(三)不得以遮斷商業航海之目的敷設自動觸發水雷於敵之沿岸及港灣之前面。(四)使用繫維自動觸發水雷。則應施一切豫防手段。俾和平航海能保其安全。即交戰者務施一定之裝置。俾此項水雷經過一定期間後。可以無害。又不監視此項水雷。則務速告示航海者。言明危險區域。此項告示。當依外交上之手續通告於各國政府。(五)戰爭終了。則締約國務竭一切手段。除去其所敷設之水雷。(六)締約國而尚未有如條約規定之完全敷設水雷。不能準據(一)(二)(四)各規則者。務速改良其水雷材料。俾適應此等規則。觀於本條之規定。可知以上諸規則之完全施行。實際有無期延宕之勢。軍艦追敵船。或軍艦圖遁。或軍艦近敵船。可揭中立國或敵國之旗章。惟開始攻擊之際。須先揭其國旗。

受攻擊之艦船。卸其船旗。表示降服。則應停止攻擊而拿捕之。若猶繼續攻擊。欲沈沒其船舶乘員。則爲違背國際習慣法之行爲。惟爲戰時復仇或自衛上之緊急必要。則非所禁。

拿捕如何施行乎。普通由拿捕船遣將校及乘員至被拿捕船。將該船置於其權內。然不能如此實行。則拿捕者可命被拿捕船卸旗。遵令航海。

公船拿捕之結果。卽生沒收之效力。船舶成爲戰利品。或引致港灣。或徑行破壞。憑拿捕者之自由。

被拿捕船中之人員。悉爲俘虜。但敵之私人。除在公船中或戰爭上占重要之地位等特別事故以外。可在適當時期解放之。

被拿捕船中之搭載貨物。有敵性者。一經拿捕。卽可收沒。成爲戰利品。雖破壞之亦無不可屬於中立人者則有沒收說與不可沒收說其辦法尙未一定公船中有可免除拿捕者否敵國公船遭海難而入交戰國港灣者考諸實例免除拿捕然國際法上尙未確立爲原則學術、宗教或有博愛任務之公船則可免除拿捕此第二次和平會議之海戰捕獲權行使限制條約所承認者也又軍用病院船之免攻擊拿捕則規定於第二次和平會議適用日內瓦條約原則於海戰之條約至於加德兒船及軍使船之免攻擊拿捕已述於第一編第八章今從略

第二節　海上國有載貨之收押沒收

敵國國有物件之在海上者可區別爲三類而論之於左

（一）搭載於他方交戰國之船舶者　敵國國有物件搭載於他方交戰國之船舶者或謂可適用戰時陸上敵國國有財產之規則敵國政府所有之公有財產直接間接可充軍用者可收押沒收之此外之國有動產不得收押雖然此項敵國國

有物件之處分。無須較敵國私船內之敵國國有物件或敵國私有物件寬大。可與此等海上敵性財產一樣辦理。卽可收押沒收之。

（一）搭載於敵國艦船者　敵國國有物件搭載於敵國艦船者。不問其種類如何。可收押沒收之。搭載船舶之被拿捕。由於不知開戰之事實者。則所載敵之商貨適用沒收免除之規定。至於所載敵之國有物件。則是否可適用沒收免除之規定。尙屬疑問。而考海牙條約之精神。不在適用之列。又海上敵國國有物件之沒收。應否經捕獲審檢所之檢查。搭載於敵國軍艦者。無須經捕獲審檢所之檢查。一經占有。卽生沒收之效果。其搭載於軍艦以外之公船或私船者。尙有議論。

（二）搭載於中立國船舶者　據一八五六年巴里宣言之第二規則。中立旗章庇護戰時禁制品以外之敵貨。敵國公有物件。是否亦可適用此規則。原巴里宣言第二規則之趣意。在於保護中立人之利益。中立船舶不得拿捕扣留其所載之貨。不問是否爲中立貨。不問是否爲國有物件。不可濫行收押。故敵國國有物件旣搭載於中立船舶。苟無戰時禁制品之性質。適用巴里宣言之第二規則。不得收押之。

第三節　私船之攻擊及拿捕

敵之商船及其他之私船拒絕臨檢。始可攻擊之。故敵之私船不受陸上兵力之攻擊爲常。而敵之私船本非有必應臨檢之義務。拒絕臨檢而受攻擊。自得防禦。自巴里宣言以來。捕獲免許私船已歸廢止。故今日可攻擊敵之軍艦或商船者。限於軍艦。私船不得向敵之公私艦船攻擊。私船而攻擊敵之公私艦船。則與陸上無交戰者資格之私人施敵對行爲者同。敵國可以爲戰時重罪者。然私船旣爲敵之艦船所攻擊。則可反攻敵人。此時私船得交戰者之資格。可追捕敵船。假令私船爲敵所捕。可受俘虜之待遇。

私船卸旗。表示降服。則當中止攻擊。而拿捕之。私船之拿捕。雖與公船之拿捕無異。而其拿捕之結果。與公船拿捕之結果異。拿捕私船。則船舶及其中之人與物陷於拿捕者之權內。船長及船員可作俘虜待遇。船舶及船中之貨物。非可立卽沒收者。須經捕獲審檢所之檢定。方能沒收之。

私船之拿捕。自古承認之原則也。惟左之數種私船。在拿捕免除之列。

(一)沿岸漁業船及地方的小航海用船　專用於沿岸漁業之船舶。與從事大洋漁業之船舶。異在免除拿捕之列。此蓋從事沿岸漁業者。概屬細民。加以無益戰爭目的之苦痛。有背人道。故不拿捕沿岸漁業船已成爲國際慣例。美國甚至認此慣例爲國際習慣法。第二次和平會議之海戰捕獲權行使限制條約。則不僅以沿岸漁業船爲可免拿捕者。雖地方小航海用船。亦在免除拿捕之列。但利用沿岸漁業船或地方小航海用船於軍事。則此項船舶失其拿捕免除之特典。

(二)學術宗教慈善用船　十八世紀以來。學術用船之免除拿捕。漸成慣例。至於十九紀。則已成爲一般之慣例矣。第二次和平會議規定學術宗教慈善用船舶。可免除拿捕。而此等船舶。不問其爲公船與私船。悉在免除拿捕之列。

（三）開戰之際在敵國港內之商船　開戰之際。在一方交戰國港內之敵國商船。開戰前去最後之發航港不知開戰事實而進一方交戰國港內之敵國商船。開戰前去最後之發航港不知開戰事實而在海上遭遇之敵國商船等。免除扣留拿捕沒收。已述於第一編。今從略。

（四）病院船　以私人之費用或以公認救恤協會之費用而艤裝（搭載軍器彈藥而備乘員者曰艤裝）全部或一部之病院船。免除拿捕日內瓦條約原則應用於海戰之條約。有此項之規定。

海難船及郵信船。雖有免除拿捕之慣例或特別條約。國際法上尙未有確定之原則。惟關於郵信之不可侵。規定於海牙捕獲權行使限制條約。載於中立船或敵船之郵信。無論其屬於中立者或屬於交戰者。不問其性質之爲公爲私。悉不可侵。若船舶被捕。拿捕者務速發送郵信。此規定不適用於封鎖違背之際之信書。

第四節　海上私有載貨捕獲主義之沿革

現今敵之私船。可得捕獲。與昔無異。然搭載敵貨之中立船。又中立船或敵船中之貨物。是否可以捕獲沒收。各國慣例上之主義。頗有變遷。又近頃學說上對於一般之敵性私有財產（不限敵之私有貨物。並敵之私船亦包含在內。）主張廢止捕獲。今就諸主義之沿革。簡單敘述於左。

（一）敵性感染主義

古時取敵性感染主義。中立貨物搭載於敵船中。則沒收之。與處分敵貨同。而中立船搭載敵貨。則非特沒收船舶。並亦沒收搭載其中之中立貨物。要之中立性之財產。與敵性之財產密接。則作爲有敵性者。宛如受敵性之傳染。故曰敵性傳染主義。法國明認此主義。於一五四三年之勅令第四十二條及一五八三年之勅令第六十九條。至一六五〇年。一時採用海上法規全集之主義。而於一六九〇年之勅令。則復採敵性感染主義。西班牙於一七一八年採用此主義。

（二）海上法規全集之主義

此主義見於十四世紀頃地中海沿岸諸國間之海事慣例集錄（Consolato del Mare）。凡交戰國可沒收敵船及敵船中之敵貨。而敵船中之中立貨應歸還中立人。又雖可拿捕搭載敵貨之中立船。而該船及其中之中立貨不可沒收。所可沒收者。惟其中之敵貨耳。此主義欲以所有者之有否敵性爲決定船舶及貨物可否沒收之標準。十四世紀及十五世紀間爲歐洲各國間之條約所採用。法國在一六五〇年採用之。英國在十八世紀中及十九世紀前半採用之。

（三）「自由船舶自由貨物」「敵性船舶敵性貨物」主義。

此主義一面承認敵船中之中立貨可沒收。而一面以爲中立船中之敵貨不可沒收。此以船舶之有否敵性爲標準者。卽船舶無敵性。則爲自由船舶。而其中之貨物不問所有者之住所國籍如何。皆不得沒收。故爲自由貨物。船舶有敵性。則可沒收。而其中之貨物。皆可視爲有敵性者而沒收之。此主義初爲和蘭所創。務使各國以條約之協定採用之。法國自一七七八年與美國訂約以來。概採用此主義。迄於巴里宣言之時。

(四)巴里宣言之主義

一八五六年之巴里宣言。關於敵船內之貨物、取海上法規全集之主義。關於中立船內之貨物。則取「自由船舶自由貨物」「敵性船舶敵性貨物」主義、而巴里宣言之規定有左之二規則。

巴里宣言第二規則　中立旗章庇護戰時禁制品以外之敵貨。

巴里宣言第三規則　戰時禁制品以外之中立貨物。雖在敵之旗章下。亦不得收押、

巴里宣言第二第三兩規則之趣意。在於規定不得沒收中立船內之敵貨及敵船內之中立貨。而敵船之可收押沒收、認爲此二規則之前提、故在巴里宣言之下。則敵船及敵船內之敵貨。可拿捕收押沒收也。不加盟巴里宣言之國家。亦遵奉此等規則。故此等規則、可視爲現今國際法之規則、海上私有財產捕獲原則之大綱、

至巴里宣言而大定。雖然。巴里宣言所謂敵貨中立貨之區別標準。至今尚未一定。

(五)海上私有財產捕獲廢止之主義

敵船及敵船中之敵貨可得捕獲。固已認爲現實國際法上之一規則。然學說上除英國外殆皆袒海上私產捕獲全廢說。第歐洲大陸之學者謂戰爭爲國家間之關係。個人無敵性。故可廢止私有財產之捕獲。其論據似不堅固。凡戰爭之起。國家與對方國之臣民。間在戰爭之必要範圍內。不得不認有對敵之關係。陸上私有財產之不可侵。未可爲海上私產捕獲全廢之理由。海上私產捕獲廢止說之有力論據。在於戰爭上之必要程度已小之一點。蓋世界之海運進步。巴里宣言廢止中立船內敵貨之捕獲。法規上確保中立船通商航海之地位。則敵船及敵船中之敵貨捕獲效果已極微。現今世人殆皆信敵船及敵船中之敵貨捕獲。固不能謂與達到戰爭目的全無關係。同時發生懷疑。以爲因敵船敵貨捕獲而起之私人苦痛。果與達到戰爭目的之效果相當否。雖然。敵船敵貨獲捕之廢止。將來或爲國際法之規則。今日則可得獲捕敵船及敵船中之敵貨無庸致疑。

第三章　私船之沒收及破壞

第一節　捕獲審檢所

捕獲敵之私船。須經捕獲審檢所之審檢。審檢確定後。方可沒收之。交戰國設立捕獲審檢所之初意。在於避免外交談判。蓋捕獲事件往往涉及中立人之利益。中立人主張捕獲之不法。或要求賠償損害。致交戰國不易決定捕獲事件。於是爲保護中立人之利益計。設立此項機關。今日則不論私船之是否爲敵船。悉須付審檢。已成爲國際習慣法。而捕獲審檢所制度。各國大抵採二審制。英美以普通之裁判官組織之。日德諸國則戰時特設審檢所。

交戰國之捕獲審檢所。可設於己國或同盟國之領土領水內。不得設於中立國之領土領水內。

交戰國捕獲審檢所之審檢。有不足保護中立國人之權利之處。故有設置國際審檢所之議。第二次海牙平和會議關於一定捕獲事件二審三審之決定。曾締一約。設立國際捕獲審檢所。此約為多數國家所簽字。惜未見批准。

第二節　被拿捕船之送致審檢港

捕獲船舶。即須送致審檢港（設置捕獲審檢所之港。）非有海難或軍事上之必要。則不得遷延時日。拿捕軍艦派遣士官登被拿捕船舶。使該船航行至審檢港。士官可請求該船舶之船長船員援助。但船長船員不應請求。則士官不得強請。拿捕軍艦不須伴被拿捕船舶至審檢港。其有海上險惡之事情。拿捕軍艦不能派遣士官至被拿捕船舶。則可使該船舶卸落其國旗。遵艦長之命而航行。拿捕軍艦須伴送該船舶至審檢港。

被拿捕船舶可揭拿捕軍艦之旗章。但因海上險惡不能派遣士官至該船泊。則畢使該船舶卸落其國旗可矣。

被拿捕船舶非因不能航海海上險惡或燃料食料品缺乏等理由。不得引致中立港。其入中立港之正當事由既終。應立卽出發。此等船舶既許入中立港。享有治外法權。與軍艦同。

被拿捕船舶。原則上應送致審檢港受審檢。惟有不得已事情。可依船舶書類捕獲士官之證明書及其他審檢上之必要書類或證人之訊問檢定之。

被拿捕船舶之船長船員全體。原則上應隨船舶送至審檢港。其有難實行之事情。則就船長事務長運轉手水手等中選三四名爲證人。隨船舶送致審檢港。而其他之船員。應從速依交通手段送致該船舶之所在地。

被拿捕船舶之載貨。原則上應全部置於船中。其或有腐敗之虞不適於送致審檢港者。可破壞或賣去。如須賣去。捕獲士官應作成證明書。連同賣去計算書及其他之書類。隨被拿捕船舶送致審檢港。載貨中之中立貨。照巴里宣言須歸物主。然亦須先送致審檢港。其有不適於送致審檢港者。亦可破壞或賣去。

第三節　被拿捕船之破壞

凡捕獲物之沒收。須在審檢所之審檢確定後。故原則上審檢確定以前不得破壞。雖然對此原則。不得不認例外。學說慣例。關於此點。尚未一致。關於被拿捕船之破壞。或以爲惟必要不得已之際可破壞。或以爲依破壞而可得便宜者可破壞。關於中立船之破壞。倫敦宣言中已有規定。而敵船之破壞。則尙未有明約。此點之解決。不得不俟國際法將來之發達。

破壞被拿捕船舶。則在破壞之前。須使船內之人員轉乘。又船舶書類及審檢上必要之書類物件。亦應轉載而保管之。載貨亦然。船舶之船員船舶書類及載貨應送致審檢港。

破壞敵之私船。則搭載該船之中立貨物。應如何辦理。若船舶自身之破壞而適法。不能轉載載貨則破壞者當付賠償。曾有先例。第中立貨物之破壞。不付賠償。究有害中立人之利益。故尙爲國際法之問題。將來國際捕獲審檢所成立。或有解決該問題之望乎。

第四節　贖回

今日鮮有行贖回者。然國際法既不禁贖回。國內法苟許贖回。則贖回亦適法也。贖回之時期無一定。有在拿捕後贖回者。有在引致審檢港後審檢以前贖回者。至於贖回方法。則拿捕者與被拿捕船舶之船長間訂約。拿捕者以船員一名爲質。或全不取人質。解放船舶船員及載貨。船長允於將來付若干贖金。船長給拿捕者以贖回證書。拿捕者給船長以贖還證書之謄本。贖還證書之謄本可作護照用。船舶不離贖回證書所定之航路。則不再受拿捕。不付贖金時。可扣留人質。船長恣意不付贖金。拿捕者可否提起訴訟。此爲國內法上之問題。拿捕者之艦船載人質或贖回證書爲敵所拿捕則人質解放贖回證書失效贖金不須支付。

第五節 捕獲物之喪失

捕獲物之喪失。起於其次諸原因。(一)捕獲物再被拿捕。(二)依船員之力脫離拿捕者之權力。(三)拿捕者故意拋棄。凡有此等原因。則在審檢所審檢確定前者。拿捕者不能確有所有權。在審檢確定後者。拿捕者喪失所有權。

被拿捕船舶。依船員之力脫離拿捕者之權力。則船舶當屬於原所有者之權利。拿捕者拋棄其所獲之船舶。更爲中立國船或本國之他船舶所占有。則船舶之所有權。應屬何人頗不明暸。此應委諸國內法之規定。又在再拿捕(卽奪回)船舶之所有權。應屬原所有者。抑應屬再拿捕者。亦可照國內法之規定。國際法上所可定者。遇有再拿捕。則前拿捕者之國喪失捕獲物之權利。再拿捕者之國取得捕獲物之權利耳。

第六節　捕獲物之處分

捕獲物之沒收。依審檢所之審檢而定。拿捕者之國內法。更規定捕獲物所有權之歸屬。國家可以捕獲物歸國有。可以捕獲物歸捕獲者之所有。又可賣去捕獲物。將所得之代價分給捕獲者。

中立國人所有之船舶。在敵國國旗及國籍證書下航行者。有敵性。可得拿捕沒收。現今全無沿海土地之國。因無海上船旗。故其國臣民所有之船舶。不得不在他國國旗及國籍證書下航行。然此項船舶不免爲國旗所屬國之敵國所拿捕。

第四章　海戰之害敵手段

敵之戰鬭員。可得殺傷。然因負傷或疾病而失戰鬭力者。捨兵器而乞降者。或無抵抗之意者。應保全其生命。不得殺傷。但在自衛上之緊急狀態。或復仇。則不在此限用毒或有毒軍器或增無益苦痛之軍器投射物及其他之物質或以背信行爲殺傷敵國人或敵軍。雖無條約明文之禁止。習慣法上認爲不法。聖彼得堡宣言及海牙達姆達姆彈使用禁止與有毒瓦斯發射物使用禁止二宣言亦適用於海戰。

凡戰鬬員皆可爲俘虜。

非戰鬬員之軍需官執法官。不參與戰鬬。不得直接攻擊殺傷之。但可俘虜之。非戰鬬員中從事教法醫療或看護者。非特不得直接攻擊殺傷之。且亦不得俘虜之。但非戰鬬員不免受作戰行動上偶然發生之間接損害。

俘虜敵國商船之船員。英國之慣例也。大陸學者不以爲然。大陸學者之反對理由。在於戰爭與箇人無關。商船船員無敵人之資格。故不可俘虜之。英國學者以爲個人亦有敵性。而商船之船員。實際爲海軍軍人的補充員。俘虜之則爲達戰爭目的之一種手段。今姑置理論而觀實例。則歐洲諸國概仿英國俘虜敵國商船之船員。海牙第二次和平會議承認俘虜敵國商船船員之慣例。然規定限制數種。（一）敵國商船之中立國人海員。不得俘虜之。（二）敵國商船之中立國人船長職員。以書面約束在戰爭中不勤務於敵船者。不得俘虜之。（三）敵國人船長職員及海員。以書面誓約在戰爭中不勤務於有關作戰行動者。不得俘虜之。

敵船中之敵國個人。不屬海軍且不參與戰鬪者。不得直接攻擊殺傷之。但不免受作戰行動上偶然發生之間接損害。敵國個人而在有關戰爭之重要地位者。可得俘虜之。全然爲私人而非船員者。原則上不可俘虜之。但在被拿捕船舶內時。要立於拿捕者之規律下。受拿捕者之監督及拘束。不從監督將校之適法命令。則須受罰。

第五章　傷者病者及難船者之救護並病院船

第一節　概論

一八六四年第一紅十字條約批准後。世人即覺有適用該約原則於海戰之必要。一八六八年日內瓦條約追加條款中曾規定之而未見批准海牙第一次和平會議始締成一約適用日內瓦條約原則於海戰至第二次和平會議更加修正計共二十八條該約規定病院船軍艦內之病室中立國艦船之救護傷者病者難船者及死者之待遇衛生人員教法人員之特權等。

第二節　病院船

病院船分爲三種說明如左。

(一)交戰國之軍用病院船　此項船舶爲交戰國純粹公用船之一種由交戰國政府製造設備專以救護傷者病者及難船者爲其目的開戰之際或戰爭中在使用以前通告船名於對方交戰國則對方交戰國在戰爭中應尊重之不得拿捕其停泊於中立港內時不受軍艦所當受之限制。

(二)交戰國之私裝病院船　此項病院船乃以交戰國個人或公認救恤協會

之費用而艤裝者。經其所屬交戰國許可。且開戰之際或戰爭中在使用以前通告船名於對方交戰國。則受交戰國之尊重。可免拿捕。在艤裝中及最後發航之際曾經官憲監督。則證明此項監督之文書。應隨帶在船內。

(三)中立國之私裝病院船　此項船舶。乃以中立國個人或公認救恤協會之費用而艤裝者。經本國政府之同意。且得交戰國一方之許可而立於該國指揮之下者。開戰之際或戰爭中在使用以前由該交戰國通告船名於對方交戰國。則受交戰國之尊重。可免拿捕。

前述三種病院船。以救護扶助交戰國之傷者病者及難船者為其目的。故交戰國拋棄其捕獲權。雖然病院船有種種之限制。(一)病院船不得為交戰國之軍事目的行動。(二)病院船決不可妨礙戰鬬者之運動。(三)病院船以自己之危險行動。(四)病院船不得拒絕交戰國之監督臨檢搜索。(五)病院船務將交戰者之命令記入航海日誌。海牙條約既保護病院船。又規定種種之限制者何也。蓋以病院船之受尊重保護者。原爲傷者病者及難船者之利益計耳。非爲病院船自身計也。而傷者病者難船者之利益。不可爲阻障交戰國戰爭目的之重大理由。

病院船供害敵行爲用。則喪失其保護。惟病院船之人員爲維持秩序或防護病傷者而武裝。或船內設備無線電報。不可認爲喪失保護之原因。

病院船可免除船舶稅之賦課。但不得妨礙稅法及其他法律所定臨檢及其他之手續。

病院船之標識。詳定於海牙條約第五條。凡軍用病院船。外部塗白色而施以綠色橫線。線幅約一米突半。私裝病院船。外部塗白色而施以紅色橫線。附屬此等船舶之小舟。亦當以同樣塗色施線標識之。又病院船應揭國旗及白地紅十字旗。中立國之病院船。則尙須揭交戰國一方之國旗。被敵扣留。當撤去所屬交戰國之國旗。病院船及其附屬小舟。經所屬交戰國之同意。可施必要之措置。俾夜間易於辨別其標識塗色。前述之塗色施線及紅十字旗等。非爲保護病院船而標識者。則不得使用。

第三節　軍艦內病室

軍艦內發生戰鬬。則務須尊重庇護病室。然病室及其所屬材料。在己軍之權內。可作爲戰利品。但於傷者病者必要。則不得轉變其用途。又如有重大軍事上之必要。當先確保病室內傷者病者之安全。而後可以處分病室及其所屬材料。病室供害敵行爲用。則失其保護。惟病室人員爲維持秩序及防護傷者病者而武裝。仍不喪失其保護。

第四節　中立國艦船之救護

傷者病者難船者收容於中立國之軍艦。則務使此項人員不再加入作戰行動。中立國對於此項人員。有留置至戰爭告終時者。有交付交戰國者。

中立國之商船游船或小舟。承交戰者之委託收容傷者病者。或自進而收容傷者病者難船者。均享有特別保護及一定之特典。無論如何不得以輸送此等人員之故而拿捕之。但有違背中立之行爲。仍可拿捕之。例如輸送戰時禁止品侵破封鎖軍事幫助等行爲是。交戰國雖不得拿捕不背中立之中立國船舶。不妨請求交付此等船舶內之傷者病者及難船者。

第五節　傷者病者及難船者

艦船內陸海軍人及公務上附屬陸海軍人員而負傷或罹疾病者。不問國籍如何。拿捕者應一律尊重看護之。凡敵之傷者病者及難船者。既陷於交戰者之權內。可俘虜之。或留置於己國。或送還敵國。或送致中立國。當酌量情形辦理。送還敵港則俘虜不得在戰爭中再服役。又得中立國地方官之承諾而送致中立港。則中立國留置此等人員。俾不再加入作戰行動。其治療及留置費用。應歸此等人員之本國負擔。

各戰鬬後雙方交戰者應搜索傷者病者及難船者而保護之。各交戰者務速將傷者病者之名簿送致其所屬陸海軍官憲或其本國官憲。各交戰者互應通報在其權內之傷者病者之留置、移動、入院、死亡等情節。各交戰者應蒐集傷者病者之一切自用品有價物暨信書等。（無論在捕獲艦船內發見者與遺存病院內者。）俾病者傷者之本國官憲便於轉付其關係人。

第六節　死者

各戰鬬後雙方交戰者應保護死者。俾免掠奪及虐待。且應監視死者之土葬水葬或火葬。務棉密檢查屍身。以免生者作死者辦理。各交戰者應速將證明死者身分之記號送致其本國官憲或所屬陸海軍官憲。各交戰者應蒐集死者之一切自用品有價物暨信書。俾死者之本國官憲便於轉付其關係人。

第七節　衛生教法人員

捕獲艦船內之教法醫療及看護人員。均不可侵。故不可俘虜之。此等人員退去艦船。應許其隨帶私有物品及外科用具。如有必要。可使其繼續從事職務。交戰國之總指揮官認爲無礙時。可命其退去。交戰者對於此等人員。要與以給養及俸給。而此等給養及俸給。須與己國海軍人員同階級者同額。

第六章　徵收金及徵發

海軍發徵收金及徵發命令於敵之沿岸都市。實例雖極少。不得謂爲全無。第二次海牙會議之戰時海軍力礮擊條約。規定此等制度。

對於無防守港口、都市、村落、住宅、房屋。不得以不納徵收金之故而施砲擊。故海軍不可以砲擊之威脅向沿岸都市取徵收金也。雖然徵發不妨以砲擊之威脅行之。

海軍力需要糧食或軍需品。可正式命令無防守地方之官憲供給。若不從此徵發命令。則經明告之後。可砲擊無防守港口、都市、村落、住宅、房屋等。而海軍力之徵發。要適合其次諸條件。(一)要爲無防守地方前面之海軍目前所必要者。(二)要適應地方之資力。(三)須得附近海軍指揮官之許可。(四)務以現金償價。否則亦當以收據證明之。

海軍力之徵發。與陸戰占領地之徵發異。乃向尙未置於權內之地方人民徵發者也。其根據在於戰爭上之緊切必要。至於徵收金。則海牙條約不認海軍力有此項戰爭上緊切必要。故不得以不納徵收金之故而礮擊無防守港口、都市、村落、住宅或房屋也。

第七章　礮擊及突擊

對於無防守港口、都市、村落、住宅或房屋。不得施礮擊。又港前敷設自動觸發水雷之事實。不得爲可施礮擊之口實。雖然對於軍事上之工作物。陸海軍建設物。軍器或軍用材料之貯藏所。敵之艦隊或軍隊用工場及設備。並港內之軍艦等。可施礮擊。而在礮擊以前。由海軍指揮官警告地方官憲。令自行破壞。若在一定期間不破壞之。則可以礮擊破壞之。所有不意之損害。指揮官不負責任。若有軍事上之必要。不能與以相當期間之餘暇。則可施無警告之礮擊。但不得礮擊無防守都市本身。且海軍指揮官須用一切相當手段。務使都市不因礮擊而受損害。

礮擊港口都市村落之際。宗教、技藝、學術及慈善用之房屋。歷史上之紀念建築物。病院並病者傷者之收容所。苟非同時供軍用。則海軍指揮官須用一切必要手段。務使不受損害。居民應以易見之徽章。表示此等建築物收容所等。此項徽章爲堅固方形大扳。劃一對角線。分爲上黑下白兩三角形。開始礮擊以前。海軍指揮官應盡一切手段。通告地方官憲。惟此項通告。非指揮官之絕對義務。

因突擊而攻取都市及其他地域。不得施以掠奪。

第八章　奇計間諜及戰時叛逆之利用

海戰亦可用奇計。惟不得有背信行爲。此爲習慣法上之原則。交戰國軍艦追敵、圖遁、或近敵。可用虛僞旗章。例如中立國旗章或敵國旗章。然在開始攻擊或臨檢搜索拿捕以前。須揭眞國旗。

海戰雖不常用間諜及戰時叛逆。然不能謂全無利用間諜及戰時叛逆者。海牙條約關於間諜及戰時叛逆之規定。雖爲陸戰設立者。海戰亦可適用之。

第九章　海底電線之破壞

戰時海底電線之可否破壞。應分別說明。

（一）一方交戰國領土間之電線

海底電線連絡一方交戰國領土兩端者。有此項領土之交戰國。可妨害通信。如有必要。可破壞切斷電線。固不待言。至於他方交戰國。亦可破壞切斷之。但破壞切斷。僅可施於公海或交戰國之領海。不可施於中立國領水。

（二）雙方交戰國間之電線

海底電線連絡雙方交戰國之領土者。無論何方交戰國。可妨害通信。如有必要。可破壞切斷電線。但在中立國之領水內者。不得施破壞切斷。

（三）一中立國領土間之電線或兩中立國間之電線

海底電線連絡兩中立國或同一中立國之領土者。電線不可侵。非特不得施破壞切斷。並不得妨害通信。

（四）中立國與交戰國間之電線

海底電線連絡一交戰國之領土與中立國之領土者。有此項領土之交戰國。可限制通信。如有必要。可禁止之。然他方交戰國可否破壞切斷此項電線。頗有議論餘地。據萬國國際法學會一九〇二年勃羅塞會議之議決。則在中立國之領水者。不可切斷。在公海者。被電線連絡之敵地。經有效封鎖。則封鎖線範圍內之電線。可切斷。封鎖線範圍外之電線。不可切斷。在敵國之領土上或領海內者。常可切斷。萬國國際法學會之議決。以切斷場所爲決定可否切斷之標準者也。其於保護中立國之利益。既未周至。而於國際法之法理。亦不適合。第一海底電線在敵國之領域內者。可得切斷。是不顧中立國交通上之正當利益者也。萬國國際法學會一九一三年牛津會議。乃加以修正。謂海底電線在敵國之領土上或領海內者。非有絕對之必要。則不得施收押或破壞。是明認不得破壞之原則也。其實海牙陸戰條規關於占領地與中立地間之海底電線。早已明認此原則。萬國國際法學會之牛津會議。不過擴大其適用地域。不限於占領地而已。第二在封鎖線範圍外公海上之電線。不可切斷。是與國際法之法理不合者也。公海上不得有戰爭行爲之原則。既未爲國際法所承認。則萬國國際法學會之議決。不免缺法理上之根據。現實國際法認公海爲交戰區域之一。顯然公海上可施戰爭行爲。國際法學會之議決。徒以切斷場所之標準決定切斷之適法與否。難免近於武斷。一九一三年之牛津會議。仍未加以修正。是可惜也。

以上四端之海底電線。與所有權無關係。蓋海底電線之破壞。其於交通上之利害。被電線連絡地方之人民所感者。遙大於所有者。而交戰者戰爭上之必要。又隨電線連絡地方如何而決定也。

第四編　空戰法規

第一章　總論

歐洲大戰以前。不認航空機爲重要之戰鬭機關。概以爲充偵察用者。或僅以投擲炸彈恐嚇敵軍而已。殆無破壞敵軍戰鬭力之價値者。然歐洲大戰開始以來。航空機及航空術上告長足之進步。防禦及攻擊之際。此等機關頗能盡重要之任務。

德國對於英法比等國之飛機攻擊。加損害於陸海軍者少。殺傷婦人小兒者多。加損害於兵營、軍需品製造所、海軍軍港者少。毀壞住宅、寺院、圖書館、病院、歷史上之建築物者多。故似與戰爭目的無甚關係。雖然使一般國民引起恐怖心。使非交戰者目擊戰爭慘劇。其間接收減少敵軍抵抗力之效。固甚著也。英國以海國稱。猶且以航空機爲第一防禦線。由此觀之。航空機之於戰爭。實占重要之地位。今後航空機之發達。在平時爲重要之輸送機關。在戰時爲最有效之武力。當無容疑。關於平時之航空。已有航空條約之締結。至於戰時。則惟有斷片之規定而已。雖然一九二三年二月英、美、法、伊、日五國委員會於海牙。作成無線電報法及空戰法規草案。報告關係諸國。此項草案經各國正式承認。則可爲空戰之成文法規。

第二章　空戰區域

交戰國之領土領水及公海上之空間。可視爲交戰區域。陸戰及海戰區域。爲交戰國之領土領水及公海。故空戰可以此等範圍之上空爲其區域也。中立國之上空。國際先例。已視爲中立國之領空。故交戰國在中立國之空中交戰。是侵害中立國之領土權也。關於交戰區域。現雖無條約或其他之成文法規。將來空戰法規之規定。當不出此範圍之外。

海戰之際。交戰國軍艦限一定期間停泊中立港。或受某限度之薪炭糧食等供給。船舶遭難者。可在中立港修繕。此等特權。亦可賦與交戰國之航空機。例如在公空戰鬬後。航空機缺乏之燃料或其他必要之材料。則須降落最近之陸地而仰給焉。第中立國無限許可供給此等必需品。則中立國土不啻爲空戰之根據地。故對於一航空機只許一定期間一次之供給。設有破損。不許修繕。當送還交戰國。違者解除其武裝而扣留之。

交戰國輸送軍隊軍需品或其他之軍用品。不可經由中立國土。故交戰國不可利用航空機經由中立國上空輸送此等物品。

第三章　害敵手段

第一次海牙會議宣言五年間禁止自飛行船或其同性質者投擲炸彈及爆發物。第二次海牙會議延長禁止期間至第三次海牙會議。然簽字該宣言者止二十七國。四大海軍國未簽字。則發生戰爭之際。該宣言惟在簽字國間有效力。不能拘束非簽字國。故交戰國之一方爲非簽字國時。不適用之。是以海牙宣言不能視爲戰時法規之一。

關於空中礮擊。可適用陸戰法規第二十五條。該條禁止攻擊及礮擊無防都市。村落住宅及其他之建築物。一九〇七年海牙會議曾加修正。附以「不問手段如何」一語。此語當含陸戰海戰空戰均適用之意。惟成問題者。無防地方與有防地方之區別也。蓋利用航空機而施礮擊。則今日可謂已無充分能防守之地。方在昔某地方僅有軍隊之駐屯兵營之存在軍艦之停泊等事實。已可視爲有防。今日若非設備航空機射擊礮。則不可視爲有完全防守者矣。故理論上對於有普通防備之都市自空中投擲炸彈或爆發物。亦不能謂爲合法行爲。關於此點將來須有更明確之規定。

第四章　間諜

普法戰爭之時。俾斯麥以通過普魯西戰線上空之飛行者爲間諜。下令嚴罰。然一八七四年勃羅塞會議不採用俾斯麥之主張。該會議之草案宣言規定個人以通信目的飛行一軍隊之各部間者或敵國領土之上空者。被敵捕獲。不可作爲間諜辦理。該宣言未經簽字國之批准。至一八九九年海牙陸戰法規之追加條項。始採用之。其第二十九條曰。用變裝或虛僞手段探知交戰者之行動。發見其作戰計劃。以報告敵軍者。視爲間諜。然侵入戰綫而探知敵之動靜者爲衣制服之兵士。又公然爲已國軍隊或敵軍當通信任務之軍人或市民。又乘飛行船而當通信任務之個人。均不視爲間諜。

一八九九年之追加條項第二十九條。採用於一九〇七年之海牙條約追加條項。航空者具備其次條件。則不視爲間諜。(一)當文書配達之任者。(二)爲軍隊各部或領土各處通信者。但執行此等任務要公然不可變裝或僞裝而充當此等任務者。不必要爲軍人。普通市民亦可任之。執行此等任務之航空者。被捕獲時。受俘虜之待遇。其或死亡或病傷者。照日內瓦條約及海牙條約辦理。

第五章　非中立行爲

一九〇六年國際法學會開會於廣脫。(Ghent)關於無線電之使用。有所議決。中立國之飛行船而以無線電報與敵通信者。視爲非中立行爲。文書及無線電報機。隨飛行機一併沒收。而其通信之種類。限於通報交戰者之動靜於敵軍而已經證明者。若不能證明之。則可命其退去交戰區域。此時可收押通信機而不可沒收之。此項決議。雖不能視爲國際法之一部。而將來編製法規之際。足供參考也無疑。

第六章　空中私有財產

海上敵國之私有財產。在現今之國際法上。可拿捕沒收。適用此原則於空中。則當敵國人通商任務之飛行機。亦可拿捕沒收。蓋個人所有之航空機。與私有船舶無異。且飛行機可不須武裝而任偵察通信等務。故可使受同一法規之適用。但拿捕區域。當限於交戰區域。不可在中立領土之上空拿捕。

第五編　中立法規

第一章　中立之概念

第一節　中立之性質

自戰爭之關係觀察。則不參與戰爭之國家狀態。卽中立也。在此狀態之國家。卽中立國也。在國際法幼稚時代。兩國家間開戰。他國家設非援助交戰國之一方。則必視爲敵國。然一面交戰國欲妨礙第三國援助敵國。一面無關戰因之國家。務欲免戰爭影響。仍享平時之利益。因此兩面之要求。國際法上乃明認既非敵國亦非與國之中立國地位。

兩國家間開戰。則中立國間之關係。毫無異於平時。而中立國與交戰國之關係。原則上繼續平時之權義關係。惟因欲達交戰國戰爭目的之必要與保護中立國利益之必要。事關戰爭。此等兩國間發生特別權義關係。雖然國際法上之中立權利義務。獨爲國家所有。中立國之個人。非國際法上之權義主體。或謂關於輸送戰時禁制品或侵破封鎖。中立國之人民。有國際法上之權義。夫個人決無國際法上之權義。不過交戰國爲欲防止有害戰爭目的之個人行爲。對於個人所屬之中立國。有國際法上之權義耳。交戰國與中立國箇人之直接關係。設非事實上之關係。則爲交戰國國內法上之關係。決非國際法上之關係。惟此關係因限制保護中立國個人之一般權利。故在交戰國與中立國間有國際法上之特別權義關係也。學者欲以普遍抽象的觀念下實質定義於中立之權義。以爲中立係對於雙方交戰國之公平不偏態度。然在現今之中立觀念。則僅維持公平不偏態度尙有不足之處。蓋某行爲之結果。足以有利一方交戰國之戰爭目的者。或足以不利一方交戰國之戰爭目的者。例如軍隊之供給。中立國應絕對避止。不許均等施諸交戰國之雙方。又一方交戰國人之某行爲。施於中立國之領內而不利於他方交戰國者。例如軍隊通過中立國之領土。中立國有絕對禁止之義務。不得以許雙方軍隊通過領土而謂守中立也。又交戰國在交戰區域防止中立國人有害交戰目的之某行爲。例如中立國人之輸送戰時禁制品。中立國不得不默認交戰國之防止手段。不得以無關公平不偏之態度而提起抗議也。故中立卽公平不偏態度之說。不足以闡明中立之法規現象。或謂中立乃不援助交戰國之地位。然不作爲之消極觀念。僅可說明中立法規現象之一部。其缺點與公平不偏態度說同。故中立權義之全體。難以普遍抽象的觀念說明。與其對於中立下實質定義。不如下形式定義。即自戰爭關係觀察。則中立者不參與戰爭之國家狀態也。而隨此特別國家狀態而發生之權利義務。可照國際條約及習慣研究。條約及習慣所定之中立規則。不外乎調和交戰國中立國雙方利害之折衷的規則。雖然。守公平不偏態度及不援助交戰國。在現實國際法上仍不失爲中立狀態之二大根本觀念。

第二節　中立之種類

有或爲完全中立與不完全中立之區別者。古時所謂不完全中立者。國家一面不參與戰爭。而一面依條約之規定供給軍隊軍需品。許可軍隊通過中立領土等。直接間接仍援助交戰國之一方者也。在十八世紀時如此意義之不完全中立。猶認爲適法。今日則已不認爲適法。一國不守完全中立。則視爲違背中立義務者。雖然。今日有中立國領土之一部關係戰爭目的者。或中立國無力防止中立之侵害。

其領土之一部爲一方交戰國所利用者。例如日俄戰役之東三省歐洲大戰之希臘南部。此等事件之中立國。可謂在於不完全中立之地位者。

有或爲善意中立與非善意中立之區別者。善意中立之語。初用於德與同盟條約中。在外交上非不可用善意中立之語。在國際法上則中立決不可認爲有二種者。嚴正中立與不嚴正中立之區別亦不適用於國際法上之中立狀態。

戰時之中立。須與永久中立國之地位區別。永久中立國者。規定於諸强國共同保證條約之國家。而永遠維持其不參與他國間戰爭之地位者也。此等國家不得向他國爲主動的戰爭。不得與他國締結攻守同盟條約。對於他國家間之戰爭須嚴守中立。永久中立國以外之國家。則無如此義務。他國家間開戰無必守中立之義務。苟有參戰之正當事由可得參戰。但關於戰時中立之地位。無論永久中立國與戰時之中立國。權利義務上無所異也。

一國領土之一部中立者。依條約之規定。該地域內不得實行或準備戰爭行爲者也。例如蘇彜士運河是。

第三節　中立之始終

國家欲在中立地位。必要他國間有戰爭狀態。故中立之權義。發生於開戰後。消滅於戰爭終結後。而不知有戰爭狀態。不可使之負中立義務。故中立權義之發生。當始於中立國知開戰事實之時。第二次和平會議規定交戰國不得無豫告而開始敵對行爲。同時應立卽通告戰爭狀態之存在於中立國。此項通告。可以電報爲之。而戰爭狀態對於中立國發生效果者。在中立國收到通知之後。但中立國實際確知戰爭狀態。則不得以缺乏通告之故而卸責。

現今中立國恆爲中立宣言。然欲維持中立地位者。不必要宣言。中立宣言非中立權義發生上之要件。無關戰因或與交戰國無同盟或從屬關係之國。不宣言參戰。又實際上不援助交戰國之一方。則不拘中立宣言之有無。可視爲中立國。其必須爲中立宣言者。除將維持中立狀態告知其人民並交戰國外。尙有明示領內應行禁止行爲之目的也。中立之權義。在國際法上尙有不確定之點。且關於種種事項。中立國有裁量之餘地。故於中立宣言中明示中立國領內應行禁止之行爲也。中立狀態之存在。以他國間有戰爭狀態爲前提。他國間之戰爭狀態終止。則中立狀態亦終止。又中立國參戰。則其中立狀態當然終止。但交戰國侵害中立。或中立國違背義務。則不得謂中立當然終止。假令中立侵害或中立義務違背等情節重大。因此中立國與交戰國間開戰。致中立終止。其終止原因非中立侵害行爲或中立義務違背之行爲。乃被害中立國向交戰國宣戰。或被害交戰國向中立國宣戰。或彼此施敵對行爲也。於是應注意者。中立國防止侵害中立之事實。雖用兵力。不得認爲敵對行爲是也。

第四節　中立之權義概說

中立國間之權義關係。毫無異於平時。中立國與交戰國之權義關係。原則上繼續平時之關係。惟因欲達交戰國戰爭目的之必要與保護中立國利益之必要。事關戰爭。此等兩國間發生中立之特別權義關係。此項特別權義關係之最著現象。爲中立國之義務或交戰國之權利。學者因此或謂中立關係不使中立國對於交戰國享有新權利。夫中立國對於交戰國之權利。固與平時一國對於他國之權利同其內容。例如領土不可侵權。爲國家平時所有之權利。惟在戰時之中立關係。此等權利附帶特別義務。例如對於一方交戰國不勵行領土不可侵權。則對於他方交戰國爲中立義務之違背。雖然。中立國在中立關係。又享有平時所無之新權利。例如受開戰之通告。不許交戰國拿捕中立船中敵貨之權利等。由此觀之。中立之特別權義關係。不僅使中立國負擔特別義務而已。並亦使中立國享有特別權利也。不寧惟是。中立國之狀態。原則上繼續平時之狀態。則其平時所有之權利。戰時宜仍可自由行使。然中立關係一面使中立國享有新權利。一面又使中立國不能完全自由行使原有之權利。

中立國之狀態原則上可謂繼續平時之狀態者。故中立國原則上當可繼續與交戰國交通。且無禁止其人民與交戰國或交戰國人民交通之義務。換言之中立國與交戰國間之交通通商自由也。例如巴里宣言規定不得拿捕中立船內之敵貨。又海牙海上捕獲限制條約規定除出入封鎖港外中立船或敵船上中立人或敵人之郵件不可侵。雖然。既認交戰國有達其戰爭目的之權則對於中立國與一方交戰國交通通商之自由。他方交戰國有加以限制之權。例如中立國在一方交戰國領內之條約權利。他方交戰國占領某地域。則可妨礙其行使。又中立國之商船與交戰國通商者。須受交戰國軍艦之臨檢搜索。其或侵破封鎖輸送戰時禁制品或爲軍事幫助等。則不免被拿捕。雖然。中立國遣赴一方交戰國之外交官在他方交戰國占領之地方時。中立國可主張自由退去占領地。又中立國人民或其財產在一方交戰國之領土或海上者。中立國可要求他方交戰國不受戰爭法規所許以外之苛酷辦法。要之中立國原有交通通商之權利，因中立關係成立而多少受限制也。

中立關係之最著現象。為中立國之義務或交戰國之權利。茲為研究之便。分為三種而論之。

(一)避止義務。

中立國之第一種義務，為中立國自身避止援助交戰國一方之義務。中立國因此不得對於交戰國供給軍隊或軍器軍用材料等，

(二)禁遏義務。

中立國之第二種義務。為禁遏交戰國一方或個人在其領內助長戰爭之義務。中立國因此不許交戰國之軍隊艦隊在其領內施敵對行為，禁止交戰國之軍隊艦隊或個人利用其領土。

(三)默視義務，

中立國之第三種義務。爲默視交戰國在交戰區域內防止中立國人有害行爲之義務。中立國因此不得不任憑交戰國處分己國人民之施敵對行爲者。不得不任憑交戰國臨檢搜索己國之船舶。設如己國船舶有輸送禁制品侵破封鎖或軍事幫助等。又不得不任憑交戰國拿捕沒收。

以上三種義務中。禁遏義務爲作爲義務。或積極義務。避止及默視義務。共爲不作爲義務。或消極義務。均是不作爲義務。而避止義務爲中立國自身不援助交戰國之義務。默視義務乃中立國不任保護其人民之義務也。在昔中立思想未發達時代。僅以不背避止義務爲已足。及中立思想漸發達。併認禁遏義務及默視義務。溯禁遏義務之起源。不過演繹避止義務而發生者。蓋雖中立國有避止援助交戰國之義務。若默視交戰國之利用其領土。當禁遏而不禁遏。則可視爲間接援助一方交戰國者。於是發生禁遏義務。交戰國利用中立國領土之行爲。有出於交戰國之軍隊艦隊或其他機關者。有出於個人者。故中立國之禁遏義務。亦有關於交戰國機關之行爲者。亦有關於個人之行爲者。至於默視義務。乃中立不行使保護權以妨交戰國之不作爲義務。亦可謂演繹避止義務之思想而發生者。

第五節　中立之侵害及中立國之責任

交戰國侵害中立國之中立權利。謂之中立侵害。中立國默視交戰國侵害其中立。謂之中立義務之違背。例如中立領土不可侵權。中立國默視一方交戰國侵害其中立。則爲對於他方交戰國之禁遏義務違背。故在中立領土之中立侵害事前應盡一切手段以防遏侵害。事後宜求相當之救正方法。救正方法本隨事而異。大抵要求謝罪。消滅不正行爲之結果。恢復事物之原狀。例如在中立領土拿捕俘虜。則要求釋放俘虜。在中立領海拿捕船舶。則要求解放船舶。而在中立領海拿捕敵船。中立國當爲蒙害之交戰國要求恢復原狀。其損害重大。則要求賠償。交付蒙害之交戰國。此已成爲國際慣例。中立國不求交戰國救正其侵害。則爲對於他方交戰國之中立義務違背。他方交戰國必求其救正。賠償損害。

在中立領內被敵攻擊之交戰國軍艦。不請求中立國保護救正。親自防禦敵之攻擊。或謂該軍艦自身亦侵害中立。中立國無賠償損失之責。雖然此須分別辦理。該軍艦被攻擊以前。有請求中立國官憲保護之餘裕而不請求保護卽親自防禦敵之攻擊。則可謂該軍艦自身亦侵害中立。若不遑請求中立國官憲之保護親自防禦敵之攻擊。則爲緊急狀態中之防禦行爲。不可與中立侵害同類而共視。

關於中立國之責任程度。中立國義務中之禁遏義務。宜特加研究。中立國顯可禁遏而缺乏善意。不加禁遏。爲中立義務違背。然不能證明中立國之缺乏善意。當有如何程度之注意。可謂已盡禁遏之責乎。關於此點。頗有議論。中立國可以相當之注意禁遏者。旣施禁遏。則可認爲盡責矣。然所謂相當之注意者。解釋頗滋紛議。往昔亞拉白馬號事件。英美締仲裁條約。該約中華盛頓三原則內有相當之注意一語。日內瓦仲裁裁判所採美國之解釋。謂相當之注意。須比照因缺中立義務而危及交戰國之危險程度而定。此以客觀標準定中立國應負監視責任之程度者也。當時英國取主觀標準說。以爲相當之注意者。應考慮當時之一切事情。能合理的期望責任者注意之程度。海牙海戰中立國之權義條約中（第八條及第二十五條）規定中立國爲防止侵害計。有竭力監視之義務。其意與英國相當注意之解釋相類。要之中立國禁遏義務之責任。限於其領內。且須與權力相應。不在中立領內之事件。中立國權力所不及之事件。欲令中立國盡禁遏之義務負賠償之責任。未免失之苛酷。故客觀標準說不足採也。

第六節　捕獲之效力

侵害中立領土而拿捕敵船。則在交戰國間拿捕決不因此無效。故敵人不得在交戰國之捕獲審檢所以侵害中立之故而反對沒收捕獲物。但中立國政府可以違法拿捕之故要求交戰國將捕獲物歸還物主。

因中立侵害而捕獲之敵船。經交戰國審檢所之檢定而沒收後賣給第三者。或謂買主雖在被侵害之中立國。亦取得不可侵權。蓋買主依適法之手續取得權原故也。然買主之不可侵權說。未爲一般所承認。緣被侵害之中立國無服從交戰國捕獲審檢所檢定結果之義務。買主之權利。在被侵害之中立國不能認爲不可侵也。關於不法捕獲之救正。美國裁判官斯多利謂物主有訴於被侵害中立國法廷而恢復捕獲物之權利。但無要求賠償之權。英國之外國就役條例規定與斯多利之所說同。

第二章　關於中立國政府行爲之中立國權義

中立國直接間接不得援助交戰國之一方。故不得供給軍隊、軍艦、軍用船舶、軍器彈藥及其他一切軍用材料。然則中立國明知軍艦、軍器彈藥及其他軍用材料等賣給他人後間接可歸交戰國之手者而賣去。是否可認爲中立義務違背。關於此點不無異論。而察海戰中立條約第六條之意。則認爲中立義務違背者。造船公司將原定之中立國補助巡洋艦賣去。曾經中立國政府許可。則認爲中立國供給其補充海軍力於交戰國者。不免爲中立義務之違背。

中立國不得使其軍艦或其他公船爲一方交戰國從事於有關軍事之輸送。中立國不得使其軍艦或其他公船傳達有利一方交戰國之消息於該交戰國。又不得使外交官或其他機關有此項行爲。

關於金錢之供給。不問用如何名義。中立國自身不得供給軍資金。且不問是否爲營利。不得貸金與交戰國。又中立國政府募集一方交戰國公債之際。不得爲該交戰國保證公債。

關於中立國之公許引港人。規定於海戰中立條約第十一條。交戰國軍艦適法駛入中立領海或通過中立領海者。中立國可使公許引港人引港。至於在公海上者。除海難外。中立國使公許引港人爲一方交戰國軍艦引港。則他方交戰國可提起抗議。

中立國不得妨害交戰國之作戰行動（例如攻圍封鎖等）又中立國不得占領或讓受有關戰因之交戰國領土或有關作戰成敗之交戰國土地。又戰爭中不得讓受一方交戰國所占領或征服之土地。

中立國固不得施敵對行為於交戰國而交戰國之兵力侵害中立之際。可以武力阻之。例如交戰國軍艦欲在中立港拿捕敵船或交戰國之軍隊欲通過中立國之領土則中立國可以武力阻之。中立國雖用武力而其所以用武力者。為防中立之侵害而全中立之義務也。故不可認為敵對行為。

第三章　關於交戰國之行為或個人行為之中立國權義

第一節　概說

交戰國或個人在中立領域內施行有害他方交戰國之行為。則中立國對於因此行爲受利之交戰國有禁遏之權利。對於因此行爲蒙害之交戰國有禁遏之義務。而禁遏之權利無非爲領土不可侵權之戰時發動。故可稱爲中立領域之不可侵權。又中立國有收容避禍於其領內者之權。可稱爲中立領域之庇護權。中立國不行中立領域之不可侵權。則對於他方交戰國有缺禁遏之義務。雖然在此義務範圍以外。中立國尙有禁遏之權利。例如禁遏戰時禁制品向交戰國輸出。此雖非中立國之義務。中立國可以其裁量而禁遏之也。但此項禁遏要以均等之條件施於雙方之交戰國。

第二節　中立領域之不可侵

一方交戰國對於他方交戰國在中立國之領域內施戰爭行爲。是爲中立之侵害。中立國有禁遏之權利。可禁遏而不禁遏。則爲對於他方交戰國之義務違背。中立國既不禁遏於事前。當求救正於事後。若不盡力救正。應任賠償之責。交戰國不得施於中立領域之戰爭行爲。包含臨檢、拿捕等行爲、故在中立領域臨檢搜索拿捕。則爲中立之侵害。關於中立領域內之拿捕。中立國應竭一切手段解放被捕船舶職員及船員、並拘留拿捕者之艦員。（海戰中立條約第三條）又被捕船舶既去中立國之領域、中立國可以外交手段要求交戰國解放之。外交上之要求未達時。被捕船舶再入中立領域者、其未編入交戰國之軍艦或其他公船、中立國可施强力手段以解放之。既編入軍艦或其他公船、則中立國不得有處置矣。

交戰國欲占領中立領域內之要塞或其他領土。則中立國不妨以武力禁遏之。中立國無力禁遏一方交戰國之占領、且戰爭上有緊急之必要。則他方交戰國可自行擊退之。不寧惟是。一方交戰國利用中立國之領土、中立國無禁遏之實力、則他方交戰國若有戰爭上緊急之必要、可先占領中立國之領域或爲其他之必要處分。日俄戰役東三省之變爲交戰區域者、爲此也。

交戰國之一方在中立領域編成戰鬬部隊或遠征軍。中立國對於交戰國之他方有禁遏之義務。所謂戰鬭部隊或遠征軍者。在指揮官下編成而有為一方交戰國施敵對行為之目的者也。苟在指揮官下編成者。縱令出發時不佩兵器。亦須禁遏之。一八二八年杜那馬利亞之被逐於葡國也。其麾下之兵士。遁入英國在指揮官下編成團體。一八二八年初搭乘四船。揚言航往巴西。而密向葡港台兒塞拉島駛行。方其出發。英國懼受妨害。將一切軍器裝作商品。自他港輸出。英國政府派一艦隊至台兒塞拉島附近。防其上陸。在葡領內扣留該四船而送還歐洲。英國政府之處置。欲全其中立義務。惟已失時機。致自身侵害葡國之領域。又交戰國人未編成隊伍而出發中立國領域。中立國無禁遏之義務。普法戰役千二百名之法人。搭乘二法國船。出發紐約。船中載九萬六千枝槍及千一百發之彈。然人員尚未編成隊伍。又軍器彈藥之輸送方法。與普通商品相同。故美國官憲不禁遏其出發。

交戰國在中立領域外之某處組織戰鬭部隊或遠征軍。而察其在中立領域內之各行為。似非不法。然則對於此等行為之最後結果。中立國應否負責。美國南北戰役。南軍軍艦亞拉白馬號一八六二年七月出發利物浦兒出發之際。全不武裝。及至台兒塞拉島。向二船取得槍礮彈藥。而此二船者。一稱航往那沙而出發利物浦兒者。一稱航往台梅拉拉而出發倫敦者。船舶之出發與軍器之輸出。各別思之。毫無不正。然美政府在仲裁裁判所主張此二行爲雖在領域外結合。而二行爲均屬不正。此項主張。爲仲裁裁判所所採用。然尚未可稱爲國際法之確定規則。

中立國不得許可其在領內設立招兵事務所。此十九世紀多數學者之所承認也。普法戰役。法國設事務所於巴塞兒。欲使亞兒薩斯人義勇兵通過瑞士而出法國之南部。瑞士禁遏之。

中立國不得使交戰國之軍隊軍器彈藥軍需品之輜重通過其領土。是今日一般所承認也。苟已編成軍隊者。縱令一時不衣制服。不攜軍器。亦不可許其通過。而軍器彈藥及其他陸海軍之一切軍需品。若非交戰國之輜重。中立國無禁止其輸出及通過之義務。惟中立國可禁止或限制此等物品之輸出或通過。中立國禁止限制此等物品之輸出通過。須一律適用於兩交戰國。

病者傷者之通過中立領土。從來之實例不一。而足普法戰役。德國求比利時魯森堡許病者傷者之通過。法國提起抗議。謂若許德軍。則間接便宜德軍之輸送。發生補助作戰行動之結果。比利時不納德國之要求。魯森堡納之。海牙和平會議規定中立國可允病者傷者之通過其領土。此非必許之意。許否委諸中立國之裁量。但如許通過。要不搭載戰鬪人員及材料於輸送病者傷者之列車。中立國須有必要之保安及監督等處置。而屬於他方交戰國之病者。(卽俘虜)須留置中立領域內而監督之。屬於一方交戰國之病者傷者而委於中立國時。中立國亦須留置而監督之。

陸上交戰國之軍隊。通過中立國之領土。爲中立之侵害。中立國有禁遏之義務。有如前述。海上則交戰國軍艦非停泊或非爲搜索敵船而巡邏。單通過中國之領海。不屬中立之侵害。中立國無禁遏之義務。但交戰國軍艦戰時通過非國際航路之領海部分。中立國有禁遏之權利。又交戰國軍艦苟不利用中立國之港灣。中立國無禁遏其停泊之義務。但中立國有禁遏交戰國軍艦停泊之權利。關於交戰國軍艦之通過中立領域或停泊中立港灣。對於一方交戰國禁遏者。對於他方交戰國亦須禁遏。中立國之權義。隨陸上海上而異。有如前述。嚴於陸而寬於海者。陸地與海洋異其性質也。蓋海洋爲國際交通之公路。且海洋之航行。有共通危險。因此有互與必要便宜之習慣。又領海之通過。港灣之停泊。補助戰爭目的之效果極微。此所以寬於海洋也。

中立國須禁遏交戰國利用其領海港灣之結果如次。

（第一）中立國應禁遏交戰國利用其領海及港灣爲對敵海軍作戰根據地。

（第二）中立國應禁遏交戰國在其領內艤裝或武裝巡邏用船或敵對用船。巡邏用船或敵對用船而在中立領域內使合戰用者。中立國政府要嚴重監視。禁遏其出發領域外。蓋船舶出中立領海而搭載乘員及軍器彈藥。立即可施敵對行爲。中立國默視其艤裝武裝及出發。是放任交戰國利用其領土也。雖然。中立國人若非應交戰國之訂購而艤裝武裝。僅爲賣去已成武裝艦船於交戰國而輸送之。則中立國無禁遏之義務。此項艦船。惟有在航海途中爲戰時禁制品耳。但此項艦船在中立領海搭載乘員而出公海。立即可施敵對行爲。則中立國有禁遏其出發領域之義務。中立國不盡禁遏義務。致出中立領域而在公海上施拿捕。則被拿捕船舶之損害。可要求中立國賠償。

（第三）中立國應禁遏交戰國軍艦在其領內增加戰鬪力。因此發生左列諸規則。

（甲）應禁止武裝之更新或增加　軍器彈藥雖轉載於運送船。而在中立領海之更新或增加。必須禁遏。此項運送船或隨伴艦隊。或與艦隊在特定地點相會。可不必問。

（乙）應禁止軍艦航行安全上必要程度以上之修理　日俄戰役。屢次扣留不能在二十四時間內修竣出發之軍艦。第二次海牙會議規定務速修理。修理終了。須卽出發。通常軍艦之停泊。不得逾二十四時間。而軍艦之修理。可不受此拘束。當以航海安全所必要之修理爲限度。

（丙）應禁止裝載乘員生存及航行安全所必要以上之糧食燃料　糧食燃料限於乘員生存及航海安全所必要者。現今以達最近本國港之分量爲限度。糧食燃料轉載於運送船者。若在中立領域裝入軍艦。則亦應禁止其限制以上之裝載。日俄戰爭中。英國發出追加宣言書（一九〇四年八月）禁止向戰場航行之交戰國軍艦及向某特定地點航行之交戰國軍艦。（例如對於有輸送戰時禁制品嫌疑之中立國船欲命其停船而正駛向某地者）爲裝煤而利用英國之領海。第二次海牙和平會議區別燃料與糧食規定糧食之裝載。以補充平時搭載量爲限度。至於燃料。則雖認駛達最近本國港之限制。而中立國可設特別國內法之規定。許軍艦補充燃料艙之全容量。而交戰國之軍艦。旣在中立國之一港內裝載燃料。非經過三箇月。則不得再在同一中立國港裝載。此爲採用英國慣行之規定。

（丁）應禁止召募軍艦之乘員。

（第四）中立國務禁交戰國之軍艦巡邏中立領海或停泊中立領海內。

（第五）中立國應禁過一方交戰國軍艦對他方交戰國軍艦在中立領海附近攻擊。十八世紀頃。漸行二十四時間規則。一方交戰國軍艦或捕獲免許私船與他方軍艦商船或捕獲免許私船在同一中立港內。非一方出發後經過二十四時間。則不許他方之出發。此已爲多數國家實行。第二次海牙和平會議始確實規定於條約。而交戰國雙方之軍艦同時在同一中立港者。出發之次序。原則上依到着之次序而定。但對於最初到着之軍艦。有許其延長停泊之法定期間者。據萬國國際法學會之議決。若知一方交戰國艦船出發之際。他方交戰國艦船已接近。則當通知出發之艦船。俾再入港。以待他方交戰國艦船之入港或遠去

（第六）中立國應妨害交戰國軍艦永在領內受戰鬬上之特別利益。英國於一八六二年後立一規則。交戰國軍艦除海上之險惡乘員生活必需品之缺乏修理破損之必要及因適用二十四時間規則而延長滯在期間等外禁止二十四時間以上停泊於中立港灣或領海。多數國家仿行之。此規則尚未爲一切國家所採用。日俄戰爭中法國否認二十四時間規則之國際法效力。雖然二十四時間規則。假令國際法上尙未確立。交戰國之艦隊。欲在中立領域等候他艦隊。或仰給軍需品。或偵探敵情。或走避敵軍等。受戰鬬上之特別利益。利用中立領土。中立國應加禁遏。第二次海牙和平會議之海戰中立條約規定除本約別有規定外。禁止二十四時間以上之滯留。惟許中立國可設相異之國內法規定。又開戰之際。中立國港灣或領海內有交戰國軍艦。則中立國應通告該軍艦。命於二十四時間內或中立國法令所定之期間出發。

（第七）中立國一港內不得同時停泊一方交戰國軍艦三艘以上。

多數軍艦之停泊。自戰爭事實上之關係觀察。則不可與一二軍艦之停泊同視。此時中立港事實上有爲海軍作戰根據地之觀。故中立國有禁遏之義務。雖然海牙條約關於此點。與燃料供給達本國最近港之原則及軍艦滯在二十四時間之規則相同。許中立國國內法設相異之規定。

（第八）本無滯留權或已失滯留權之交戰國軍艦。雖經中立國官憲之通告。而不去中立港。則中立國可以必要手段使該軍艦在戰爭中不能出發。普通解除武裝及航海機關之要部。而中立國扣留交戰國軍艦。則一併扣留其將校及其他之職員。

（第九）中立國不得放任交戰國設立捕獲審檢所於其領內。交戰國設捕獲審檢所於中立國之領域者。爲欲便於妨害敵國海上之商業也。故中立國而放任之。不啻承認交戰國利用其領域而得戰鬭上之特別利益。是中立義務之違背也。

（第十）中立國應禁遏交戰國設立軍需品貯藏所或製造所於其領內之艦船內。

（第十一）中立國應禁遏交戰國在其領內發給捕獲免許狀於私船。

（第十二）中立國應妨害交戰國之捕獲物自由出入其領域，第二次海牙和平會議規定非因航海不能海上險惡燃料糧食之缺乏等事故。則不可引致捕獲物於中立港。中立港有此等事故而入中立港之捕獲物。在事故停止後。應立卽使之出港。若不肯出港。則解放之。職員及船員亦然。被拿捕船中之拿捕國軍人。則拘留之。此皆中立國所應爲者也。其無前揭正當事故而引致中立港之被拿捕船。亦須解放之。但海牙條約又許被拿捕船在經捕獲審檢所之檢定前進中立港。是中立國可使交戰國所拿捕之船舶。免受再拿捕之危險也。不免有偏袒優勢交戰國之弊。

中立國領內之電報、海底電線、電話及無線電報之通信機關。不論國有與民有。

中立國無禁止限制交戰國使用之義務。此第二次海牙和平會議之所定也。但中立國可設禁止或限制之規定。如設此項規定。須平等適用於雙方交戰國。交戰國特設前述通信機關於中立國之領土。俾與其兵力通信。則中立國應禁遏之。又交戰國平時以軍事目的設前述通信機關於中立國內。專爲該交戰國之軍事目的利用而不供公衆通信之用者。中立國亦應禁遏其利用。又交戰國設前述通信機關於中立國之港灣及領海內。俾與其兵力通信。則中立國應禁遏之。關於無線電信。則中立國之上空。交戰國爲傳達無線電信而使用之。中立國無禁遏義務。

中立國應禁遏交戰國設立情報事務所於領內。然其人民或以書信電報電話無線電報等傳達情報於交戰國之一方。則中立國無禁遏義務。

現今國際法上對於中立國人民公然在其領內應募一方交戰國之公債。不認中立國有禁遏義務。然不問何人爲補助一方交戰國軍費之目的而公然募捐。則中立國有禁遏義務。但爲病者傷者海難者而募捐。縱令爲交戰國之一方者。中立國無禁遏義務。

第三節 中立領域之庇護

交戰國非有自衛上之緊急必要。則不得侵犯中立國之領域。故他方交戰國之戰鬪員非戰鬪員。一入中立國。卽可免被敵攻擊之危險。此之謂中立領域之庇護。若敵追擊已入中立領域者。則侵害中立。中立國不妨以武力阻之。中立國許與一方交戰國之庇護。亦須許與他方交戰國。此卽庇護權也。但中立國無許與庇護之義務。許與與否。全屬自由。一旦許與庇護。則中立國對於他方交戰國之一種義務。卽須施必要之處置。禁遏被庇護者利用中立領域。例如被庇護者欲恢復勢力。復赴戰場。或等候時機。復赴戰場。或歸本國從事戰鬪役務等。故中立國應留置受中立領域庇護之戰鬪員非戰鬪員。

中立領域之庇護。並及於物件。交戰國之公私財產。一入中立領域。則不可被敵國獲得或收押。交戰國之軍用材料。欲免敵之獲得或收押而入中立國領域、中立國許與庇護、則應留置之。

關於陸上軍人之庇護。分爲（一）軍隊軍人及（二）俘虜兩項而說明之。

（第一）軍隊或單獨軍人求庇護。則中立國對於他方交戰國有許與庇護之權、而對於軍隊軍人所屬之交戰國無許與庇護之義務。若許與庇護、則應解除其武裝。且令戰爭中不再對他方交戰國施對敵行爲、中立國務留置此等軍人於遠隔戰場之地。或監置於兵營中。或拘置於城塞或其他特別設備之場所、許將校自由生活與否。全任中立國決定。如無特別約定、中立國應供給糧食被服及人道上之救助。留置費用。在恢復和平後由所屬國償還。交戰國軍隊求庇護於中立國者、與普通駐在外國之軍隊異。無治外法權、應解除武裝、並服從中立國之規律、如留置人員不遵命。或不守風紀衛生上之規律、則可嚴罰之。

（第二）中立國容留俘虜與否、全屬自由、今分爲四種、說明如左。

(甲)俘虜脫離敵之權力而入中立國。中立國有否拘留之義務。頗有議論。昔法戰役。比國拘留脫離德軍而入國之法人。第二次海牙和平會議議決收容遁走俘虜無須强行拘留。又中立國許俘虜滯留之自由。既許其滯留。可指定居所。以妨其再合於己國之兵力。(陸戰中立條約第十三條。)夫俘虜身分之喪失與完全自由。全然爲相異之觀念。不能謂因喪失俘虜身分而卽可完全自由也。該會議之議決。未注意此點。以爲入中立領域。則喪失俘虜身分。既喪失俘虜身分。卽可完全自由。不得拘留。不知俘虜入中立領域。喪失俘虜身分而不喪失軍人身分。應與請求庇護之軍人同樣辦理。卽可拘留之也。

(乙)俘虜隨敵軍入中立國。中立國有否拘留之義務。第二次海牙和平會議議決與(甲)同樣辦理。其失也與(甲)同。蓋俘虜雖非自求庇護於中立領域。其因戰爭上之特別事情而入中立領域。則與請求庇護之軍人同。亦應拘留之。且留置隨伴之敵軍而釋放俘虜。非特有失公平。且釋放俘虜。則實際上請求庇護之軍隊。在進中立領域以前。或藉口生存上之緊急狀態而殺戮俘虜。其危險孰甚於此。故俘虜應與隨伴之敵軍一併拘留也。

（丙）俘虜爲病者而入中立國。第二次海牙和平會議議決中立國留置監守之。其健康恢復後不使關係作戰行動。對於此項俘虜適用紅十字條約之規定。

（丁）經中立國之承認而經由中立國輸送俘虜。此爲中立國之中立義務違背。蓋實際不可承認俘虜喪失其身分也。

中立國許交戰國之軍隊及軍人入其領域。須令其解除武裝。戰爭中不再加入作戰行動。此陸上中立國之處置也。海上則異。是交戰國軍艦入中立國港灣或領海。中立國不須立卽令其解除武裝而留置之。如此海陸之差異。全然由於海洋及船舶之特別事情而發生者也。海洋爲世界交通之公路。諸國之灣港多少便於海上之國際交通而航海上在港灣受一定之便宜。爲各國船舶所必要。故對於中立國港灣或領海內之交戰國軍艦取寬大之辦法。但中立國無許與庇護之義務。除海難外可禁止限制交戰國軍艦之入港。如禁止限制。則須均等適用於雙方交戰國。又既許庇護交戰國軍艦不得爲戰爭目的利用中立領域。故中立國對於交戰國軍艦設種種之限制。（參照中立領域之不可侵節）就中交戰國軍艦不得永久滯在而隨機出港。爲重要限制之一。於是有立卽扣留被敵破損而竄入中立領域之軍艦說。日俄戰役俄國軍艦爲日本艦隊破損而竄入中立港者。有或不許修理立卽扣留之者。有或於二十四時間至四十八時間內不能修竣而扣留之者。一經扣留則解除武裝及航海機關之要部。（參照中立領域之不可侵節）軍艦解除武裝則不復有治外法權及不可侵權。由中立國監視之。艦內之俘虜留置中立國內。則可認爲喪失其身分者。

中立國之軍艦。有或收容交戰國擊沈轟沈軍艦之乘員者。中立國拘留此項乘員。或戰爭中不使再關係交戰。中日戰爭之初。高陞號擊沈之時。其中兵士水手等爲法德兩國軍艦所救。卽送還中國。然日俄戰爭之初。仁川之役。（海戰）佛利亞格號及哥利愛格號乘員爲英美法伊等國軍艦所收容。此等中立國與俄國約、此項乘員不再關係交戰、而後交付俄國、第二次海牙和平會議紅十字條約原則適用於海戰之條約第十三條、規定中立國軍艦收容傷者、病者、難船者。務使此等人員不再加入作戰行動。

交戰國有將敵國之傷者、病者、難船者送致中立國者。中立國允其登陸、則拘留之。務使不再加入作戰行動。而入院及留置費用。歸此等人員之所屬國負擔。

中立國商船有收容前述人員者、惟交戰國軍艦請求交付此等人員。則中立國商船不得拒絕之。

中立國爲維持其中立地位計。爲維持其內部秩序計。關於受庇護者之一身及行爲可加限制。又庇護費用。可使受庇護者之所屬國擔負。

第四章　關於中立國人民行爲之中立國權義

中立國關於其人民之行爲。有負禁遏之義務者。有負默視之義務者。禁遏義務係關於在中立國領域內人民之行爲。而默視義務係關於在交戰國領域或公海之人民行爲或其財產。

據第二次海牙和平會議之議決。凡中立國之人民對於交戰國之一方施敵對行爲。或爲有利交戰國一方之行爲。則他方交戰國不承認中立人應得之利益。中立國有默視之義務。但此等中立人比有同一行爲之敵國人受嚴酷之待遇。則中立國不須默視。可主張保護其人民之權。而所謂有利交戰國一方之行爲中不包含各種之供給公債之應募。又不包含警察或民政上之服務。

中立國自身供給軍器彈藥及其他軍需品於交戰國。是違背避止義務也。然其人民供給此等物品於交戰國。國家無禁遏義務。但中立國有以國內法禁遏之權利。普法戰役。比利時及瑞士曾禁遏之。如欲禁遏。應適用於雙方交戰國。中立國無禁遏其人民供給軍需品之義務。有如前述。第此等物品在海上輸送之際。成爲戰時禁制品。他方交戰國在公海或交戰國領域可加一定之强制手段以妨其達敵。此項强制手段。苟不脫適法之範圍。中立國有默視其施行之義務。學說上有謂中立國應禁遏其人民供給軍需品於一方之交戰國者。使中立國負此項義務。則第一不利於中立國之商業。第二交戰國仰給軍需品之途爲之狹小。故此說不流行。至於軍艦。則應交戰國之訂購而製造武裝或艤裝者。中立國須禁遏其駛出領外。僅欲賣給交戰國而駛出領外。無須禁遏。不過他方交戰國可以爲戰時禁制品而拿捕之耳。

人民依文書、電報、電話、無線電報等傳達情報於交戰國之一方。國家無禁遏義務。然人民陷於他方交戰國之權內而受罰。則國家有默視義務。

商船爲交戰國之一方輸送軍隊傳達情報等。國家無禁遏義務。交戰國在公海或交戰區域强制防遏此等役務。苟不脫適法之範圍。中立國有默視義務。

中立國新聞通信員船舶之有無線電報機者。交戰國防其接近戰場。課以一定之限制。如有必要。可扣留之。然日俄戰役。俄國以有無線電報機之通信員爲間諜。沒收泰晤士報通信員之船。不法也。新聞通信員明明傳達情報於敵。則可以間諜罰之。又直接幫助敵之作戰行動。可作軍事幫助論。

無線電報之盛用於商船。爲最新之現象。交戰者作戰行動之必要上。對於作戰區域內有無線電報機之商船。不得不課以一定事項之禁止。關於此點。尙無國際條約之規定。惟有俟國際法將來之發達。

中立國無禁遏其人民或商船侵破封鎖之義務。惟有默視交戰國防遏侵破之適法强制手段。

本章所說之默視義務。當更詳論於戰時禁制品封鎖及軍事幫助各章。

第五章　戰時禁制品

第一節　戰時禁制品之性質

戰時禁制品者海上向敵輸送之貨物而可供戰爭之用者也。故戰時禁制品含有二要素。(一)可供戰爭之用。(二)海上向敵輸送。即戰時禁制品之觀念。依貨物之用途及到達地而成立。若貨物性質上不可用於戰爭。則其到達地雖爲敵地。不得謂爲戰時禁制品。反之若貨物到達地絕非敵地。則其性質上雖可用於戰爭。亦不得謂爲戰時禁制品。通常稱某某物品爲禁制品者。係指物品之用途而言。但非正確之觀念。

第二節　戰時禁制品之種類

何種貨物屬於戰時禁制品。從來學說慣例極其紛紜。國際法鼻祖格洛邱斯嘗分貨物爲專供戰時用者（如軍器彈藥之類）專供平時用者（如奢侈品之類）及平戰兩用者（如貨幣糧食燃料船舶及其艤裝材料之類）三種。第一種常爲戰時禁制品。第二種非戰時禁制品。第三種隨其用途如何而或爲戰時禁制品或爲非戰時禁制品。今日公認絕對的禁制品與條件附禁制品之區別。有絕對的禁制品性質之貨物。向敵港或敵軍輸送則爲戰時禁制品。有條件附禁制品性質之貨物。顯係供敵國軍用。亦爲戰時禁制品。前者與格洛邱斯分類之第一種相同。後者與格洛邱斯分類之第三種相同。惟如船舶之艤裝材料。原屬格洛邱斯分類之第三種。有認爲有絕對的禁制品之性質者。

倫敦宣言大體認格洛邱斯分類。以其第一種爲絕對的禁制品。第三種爲條件附禁制品。而以其第二種不得宣言爲禁制品。並就物品之爲絕對的禁制品條件附禁制品及不得宣言爲禁制品者。分別列表。但絕對的禁制品及條件附禁制品表中一定貨物。不欲作爲戰時禁制品。則可依特別之宣言通知其意思於他國。又各該表外之貨物。欲作爲戰時禁制品。亦可依特別之宣言通知其意思於他國。又不能供戰用之貨物。不得宣言爲戰時禁制品。故如可供戰用。則所謂不得宣言爲禁制品者。亦得宣言爲禁制品。是以某物品應否爲禁制品。照倫敦宣言之規定可隨時勢國情而轉移。不必定拘於各該表所列者也。

絕對的禁制品如左。

一　一切武器（連獵用者在內）及其組成品

二　一切子彈裝藥彈藥包及其組成品

三　特爲戰用而製造之火藥及爆發物

四　礮架彈藥車前車軍用運搬車野戰鍛冶器及其組成品

五　軍用被服及武裝用具

六　軍用馬具

七　可供戰用之乘用輓用馱用獸類

八　陣營用具及其組成品

九　甲鐵鈑

十　戰鬪用艦艇及其組成品

十一　專供製造軍火或專供製造修理陸海軍用武器及材料者

倫敦宣言之絕對的禁制品表。包含非專供戰用之貨物。如獵用武器及乘用輓用馱用獸類是。尤其是馬匹。可平戰兩用。帶條件附禁制品之性質。故英美日諸國從來認為條件附禁制品。然美國於一九〇〇年之海戰法典。又認馬匹為絕對的禁制品。日俄戰役俄國亦然。

條件附禁制品如左。

一　糧食

二　飼獸用之芻秣及穀類

三　軍用衣服被服用織物靴類

四　生金銀金銀貨幣及紙幣

五　一切戰用車輛及其組成品

六　一切船舶艇舟浮船具及其組成品

七　鐵路之固定及運轉用材料並電報電話無線電報之材料
八　飛機氣球及其組成品並航空用之屬具物件及材料
九　燃料及機械滑潤用材料
十　非專供戰用之火藥及爆發物
十一　有刺鐵線及其架設切斷用之機械器具
十二　蹄鐵及蹄鐵用材料
十三　輓用及鞍用物件
十四　雙眼鏡望遠鏡測時計及各種航海用具

關於條件附禁制品之性質。從來議論頗多。其中最多爭執者。第一爲糧食。伯倫知理謂糧食無論如何不得爲禁制品。而多數學者以爲顯供敵之軍用。則可爲禁制品。按之實例。英美日諸國認爲條件附禁制品。日俄戰役俄國初認爲絕對的禁制品。遭英美之抗議。遂亦認爲條件附禁制品。第二爲燃料。克利米戰爭以來。英國以煤爲條件附禁制品。但意大利統一戰役法意兩國不認爲禁制品。俄國嘗於一八八五年宣言煤爲禁制品。及認絕對的與條件附之區別後。列入絕對的禁制品中。第三爲生金銀金銀貨幣及紙幣。理論上應屬條件附禁制品。第四爲船舶供敵之軍艦或運送船之用而在駛向敵方之航海中者。爲戰時禁制品。古時有以船舶及其製造艤裝之材料爲絕對的禁制品者。倫敦宣言則以戰鬪用艦艇及其組成品爲絕對的禁制品。其餘一切船舶艇舟及其組成品作爲條件附禁制品。

非禁制品如左。

一　棉花羊毛生絲黃麻亞麻苧麻及其他織物業用原料並其線

二　造油原料之堅果及油籽並哥白拉(Copra)

三　橡皮樹脂樹膠漆及忽布(Hops)

四　生皮角骨及象牙

五　天然及人造肥料(包含燐酸鹽及硝酸鹽)

六　礦石

七　土、黏土、石灰、白堊石（含大理石、）板石及磚瓦

八　磁器及玻璃器

九　紙類及製紙用材料

十　肥皂彩料（包含專製彩料用之材料）及洋漆

十一　漂白粉曹達灰苛性曹達鹽塊亞莫尼亞硫化亞莫尼亞硫化銅

十二　農業用採礦用織物業用及印刷業用之機械

十三　寶石准寶石眞珠眞珠卅及珊瑚

十四　鐘錶及其他測時計

十五　時好品及奢侈品

十六　羽毛及剛毛

十七　家具用裝飾用物件並事務所用器具及附屬品

非禁制品卽倫敦宣言所謂不得宣言爲禁制品者。供戰用極少或竟全不能供戰用。其中最多問題者爲棉花。美國南北戰爭之際。政府以棉花爲禁制品。其理由在於南部諸州以棉花代貨幣充購買船舶軍器彈藥之用。然當時所用之禁制品一語。非國際法上禁制品之意。乃政府軍所至之地。棉花雖屬私有亦得沒收之意。且棉花不得爲絕對的禁制品。固不待言。然日俄戰役。俄國以棉花可爲製造棉火藥之用。認爲絕對的禁制品。遭英國抗議。遂認爲條件附禁制品。

此外本有戰時禁制品之性質。而以用途關係不得視爲禁制品者有二種。

一　專供病者傷者看護用之物件及材料

二　船舶自用之船內物件及材料並航行中該船舶之乘員及乘客用之物件及材料

第三節　戰時禁制品之到達地

貨物性質上可供戰爭之用者。如非海上向敵輸送。則不得作爲戰時禁制品辦理。故戰時禁制品之到達地尙爲關於絕對的禁制品、須證明其向敵國之領土敵國之占領地敵國之兵力輸送。關於條件附禁制品。須證明其爲供敵國之兵力或行政官廳之使用而輸送。此絕對的禁制品與條件附禁制品間關於到達地之差異也。但可爲條件附禁制品之貨物、向敵國之行政官廳輸送。如該貨物除生金銀金銀貨幣紙幣外依各種事情證明其事實上非用於戰爭者。則不在此限。而絕對的禁制品之到達地、依左之事情而證明。不許反證。

一 船舶書類載明貨物在敵港卸去或交付敵軍者。

二 船舶止向敵港航行或在到達船舶書類所載卸貨地之中立港以前停泊敵港或與敵軍相會者。

又條件附禁制品之到達地。依左之事情而推定。許可反證。

一 貨物向敵國官憲輸送者、

二　貨物向居住敵國之商人輸送、而該商人顯將該貨物供給敵國政府者。

三　貨物向敵國之有防塲所或敵軍之根據地輸送者。

凡關於禁制品輸送船舶之航路及卸貨塲所船舶書類爲完全之證據。但船舶顯離船舶書類所載之航路而航行。遭遇軍艦且不能辯明所以變更航路之理由、則不在此限。

絕對的禁制品與條件附禁制品閒關於到達地尙有一差異。繼續航海主義是也。夫繼續航海主義。爲對於「船舶到達地決定貨物到達地」原則之例外。船舶現在不向敵港而向中立港航行。抵中立港後更以同船載同一禁制品向敵港航行。則前之向中立港之航海與後之向敵港之航海。視爲連續之一航海。在前之航海中卽可作爲禁制品輸送而拿捕之。此主義初固適用於同一船舶之航海。今則擴充範圍。幷可適用於相異船舶之航海及陸上之輸送。卽貨物在中立港卸去後轉載於他船或改依陸路輸送於敵地敵軍。則前之航海與後之航海或陸上輸送。

視爲連續之輸送。在向中立港航行中卽可作爲禁制品輸送而拿捕之也、故繼續航海主義字義稍有不正確之處、不若稱爲連續輸送主義。關於相異船舶之航海、美國南北戰役。該國法院曾認連續輸送主義。英國初堅持「船舶到達地決定貨物到達地」之原則。近時亦認連續輸送主義。但歐洲大陸諸國早有反對「船舶到達地決定貨物到達地」原則之思想、卽禁制品之到達地、並應問貨物之實際到達地。不當單憑船舶之到達地而決定也。雖然繼續航海主義之思想。推而及於陸上之輸送。則英國主義結局與大陸主義一致。然倫敦會議討論繼續航海主義之際。俄德諸國不肯承認、遂依折衷之解決。絕對的禁制品完全適用繼續航海主義。海上直接向敵國領土敵國占領地敵國兵力輸送。抑或輸送至中立港後轉載於他船或改依陸路向敵國領土敵國占領地敵國兵力輸送。均非所問。苟貨物之實際到達地係敵國領土敵國占領地敵國兵力、則該貨物爲戰時禁制品。至條件附禁制品不適用繼續航海主義。貨物在向敵國領土敵國占領地敵國兵力航行之船中而不於途中中立港卸去者。則爲戰時禁制品。故在絕對的禁制品。假令船舶之到達地係中立港。尙須審查貨物之實際到達地是否爲敵地。如係敵地。則爲戰時禁制品。在條件附禁制品。苟船舶之到達地爲中立港而非敵地。已無須審查貨物之實際到達地是否爲敵地而處分之也。但有一例外。敵國國境不面海。則向敵國輸送之貨物。適用繼續航海主義。

第四節　戰時禁制品輸送之結果

交戰國得於公海或兩交戰國領海內拿捕從事戰時禁制品輸送之中立船。其有在到達敵港前停泊中立港之意思者亦然。如在中立領域拿捕。則爲中立侵害。又禁制品輸送船舶。惟於現行輸送中可拿捕之。而現行輸送時期。始於裝載禁制品而出出發港之時。終於卸去禁制品之時。輸送既終。不得以輸送禁制品之故而拿捕之。從來英美慣例。以虛僞書類輸送禁制品之船舶。在歸航途中。亦得拿捕之。

倫敦宣言不認如此例外。

關於戰時禁制品輸送之制裁。從來各國慣例不一致。禁制品通例沒收。倫敦宣言亦認之。英國不否認沒收條件附禁制品之權利。實際則非單純沒收而爲强買。對於船舶付運費。對於禁制品所有者付原價外什一之利。大陸學者不認條件附禁制品。故主禁止沒收平戰兩用之貨物。但得根據非常徵用權給價强買或償價扣押。敎倫宣言認絕對的禁制品與條件附禁制品均得沒收。但不禁强買條件附禁制品。

關於禁制品輸送船舶之制裁。各國慣例頗有不同。在英美主義。船舶所有者與禁制品所有者係一人。或爲輸送禁制品而以虛僞書類航行。則沒收船舶。又船舶所有者或船長通謀而輸送禁制品者亦然。在歐洲大陸。載貨某部分（俄國四分一以上法國四分三以上）係禁制品。則沒收船舶者有之。凡輸送禁制品之船舶沒收之者有之。倫敦宣言倣大陸主義。所載戰時禁制品價格重量容積運費居全部載貨半數以上則沒收船舶。如輸送戰時禁制品之船舶不被沒收。則拿捕者所支出之費用。如交戰國捕獲審檢所之審檢手續費並審檢中該船舶及載貨之保存費等。應負擔之。

關於禁制品以外之載貨。原則上不沒收。英國主義非禁制品所有者與禁制品所有者係一人。且在禁制品輸送船舶中者。沒收之。倫敦宣言亦然。

倫敦海戰法規會議中有謂船舶以所載禁制品不多而不被沒收者。有權將禁制品交付交戰國軍艦而繼續航海。但不爲會議所採。惟規定船長有交付禁制品之意。則交戰國軍艦艦長得依當時之狀況許其繼續航海。此時軍艦接收禁制品後得破壞之。但須付捕獲審檢所審檢。故拿捕者應將禁制品交付事實記入船舶之航海日誌。而船長須將一切必要船舶書類之認證謄本交付拿捕者。

第六章　封鎖

第一節　封鎖之性質

封鎖爲戰爭行爲之一種。交戰國依海軍力遮斷一定敵港或敵地沿岸之海上一切交通也。

封鎖本爲對敵戰爭行爲。而其結果則妨礙中立船舶之出入。故影響於中立人之利害至大。往時交戰國可一般的妨礙中立船與敵交通。及尊重中立人正當利益之思想發達。於是調和交戰國之戰爭必要與中立國之正當利益。認一種特別戰爭行爲。封鎖限於一定敵港或敵地沿岸。此外不得妨礙中立船之交通。

封鎖僅宣言而不備實力。則謂之紙上封鎖。與認戰爭行爲之本旨不符。第一及第二武裝中立同盟主張封鎖須以實力維持。爾來此項主張漸爲世所公認。一八五六年之巴里宣言始有明文之規定。倫敦宣言亦確認之。

封鎖遮斷海上一切交通。故不限於妨礙入港交通而已。但不無限於妨礙入港之先例。如克利米戰役，英法諸國對俄封鎖多腦河口。僅妨礙入港。是又封鎖遮斷海上一切交通，不論交通手段如何，故依郵信海底電線及無線電報等而爲海上交通。皆可妨礙之。不過杜絕船舶之往來。尤爲封鎖之要務耳。

或以封鎖爲沿岸占領或征服。由是說明封鎖及於中立國船之效果。雖然。封鎖非沿岸占領。亦非征服。自成一種戰爭行爲。其及於中立國船之效果。在於限制其自由之一點。蓋海洋自由及中立商業之自由。爲國際法上之原則。認封鎖即認上述自由之限制。固不須藉別種法理以說明之也。

封鎖與攻圍不同。攻圍施於敵之有防場所。封鎖則不限於此。有對於被封鎖沿岸之某地點或被封鎖港內之海軍力爲作戰行動者。是謂戰略上之封鎖。又有止爲遮斷沿岸之海上交通。初無作戰行動者。是謂通商上之封鎖。或謂通商上之封鎖有害中立通商之自由。故應禁止。雖然。理想應與事實區別。現實國際法上通商上之封鎖。在所不禁。

第二節　封鎖之施行

第一　封鎖區域

封鎖對於敵港敵地沿岸施行。至沿岸是否有防。在所不論。美國南北戰役。政府軍封鎖南部諸州沿岸。亙二千五百海里之長。封鎖亦可施於敵軍占領之港及海岸。普法戰役。法國艦隊封鎖德軍占領之法領路昂、台泊、凡康。但敵國領土或占領地以外地域之港或沿岸、不得封鎖、倫敦宣言亦明載之。國際河川之沿岸諸國非交戰國、是否可封鎖河口。頗有議論至連結公海或中立領海之海峽。不得依封鎖而遮斷其交通。雖兩岸皆爲敵地亦然。倫敦宣言概括的規定封鎖艦隊不得遮斷接近中立港及中立沿岸之交通。

第二　有權機關

封鎖係國家行爲。故須交戰國之有權機關施行之。倫敦宣言規定封鎖宣言須施行封鎖之國家或以國家名義行動之官憲爲之。交戰國對於其艦隊或軍艦指揮官得列舉的委以封鎖施行權並亦得概括的委以封鎖施行權。艦隊最高指揮官認爲必要時可推定爲有封鎖施行權。但如封鎖施行後政府不追認則封鎖無效。

第三　宣言及通知

有效封鎖須爲封鎖宣言及通知。封鎖宣言應載明(一)封鎖開始時日(二)封鎖地域地理上之限界(三)封鎖區域內中立船之退去猶豫期間。海軍官憲不遵照(一)(二)兩端辦理則宣言無效。須重新宣言。封鎖宣言應通知中立國政府及封鎖地域之地方官憲。對於中立國政府之通知。卽一般通知。亦稱外交上之通知。由施行封鎖之交戰國政府直接對中立國政府或其駐劄代表以公函爲之。對於地方官憲之通知。卽地方通知。由封鎖艦隊指揮官爲之。地方官憲受通知。則務速通知在封鎖地域行使職務之外國領事官。俾轉知中立船及中立人。一般通知所以使中立國政府通知封鎖施行之事實於其商船也。地方通知所以使封鎖地域之中立船知封鎖施行之事實。俾得於宣言所載之退去期內退去也。倫敦宣言之所謂通知。限於一般通知及地方通知而不及各別通知。各別通知惟限於封鎖侵破行爲之成立所必要耳。以上關於宣言及通知之規則。亦適用於封鎖地域之擴張及封鎖之再設。

第四　封鎖實力

封鎖須備實力。是第一第二武裝中立同盟之所主張也。十九世紀初尚有所謂紙面封鎖。今則公認有效封鎖要有充分兵力防止接近被封鎖場所。一八五六年之巴里宣言首先明文規定。倫敦宣言亦認之。至於實力之實際程度如何。則學說不一。法國主義極嚴格解釋。以爲封鎖區域附近碇泊一列軍艦。各艦距離要在能發見經過商船而射擊之之程度。始有使封鎖有效之實力。然今日有魚形水雷無繫維自動觸發水雷及潛航艇等。對於封鎖艦隊甚危險。又有高速力之巡洋艦及無線電報之便利。封鎖軍艦之碇泊。實已無須。英美主義卽不須軍艦之碇泊。止須有巡邏監視商船出入被封鎖場所之封鎖艦隊。卽已有封鎖之實力。實際上多數國家採英美主義。倫敦宣言規定是否備封鎖實力爲事實問題。大體可認爲採英美主義者也。

封鎖艦隊可於陸上作礮臺。以礮力補其實力之不足。但沉沒岩石或沉沒石船以妨船舶之出入。學說上常不認之。以敷設水雷補實力之不足。亦有議論。戰略上之封鎖。不妨沉沒岩石或敷設水雷。若夫通商上之封鎖。不得敷設水雷。海牙條約（自動觸發海底水雷敷設條約）固有明禁。

無充分兵力防止接近被封鎖場所。則封鎖當然終止。故如封鎖艦隊爲敵所逐。或以他故離封鎖地域。或任意撤退封鎖地域。則封鎖終止。雖然因天候險惡而一時離封鎖地域。不可認爲封鎖解除。倫敦宣言亦認之。故此際欲乘虛接近封鎖港。仍爲封鎖侵破。至封鎖軍艦爲追逐封鎖侵破船而一時離封鎖地域。英美主義認爲封鎖實力尙存。倫敦宣言關於此點無明文規定。

第五　待遇公平

封鎖須對各國船舶公平適用。是倫敦宣言所定也。除因特別事故而許船舶出入者外。對於各國船舶有失公平。則封鎖不能認爲有效。卽對於特別船舶因特別事故而許其出入。亦不得依船舶之國籍而設區別。倫敦宣言規定遭遇海難之中立船舶。如經封鎖艦隊所屬官憲認定事實。則得駛入封鎖地域。且得以不裝卸貨物之條件駛出。又規定封鎖艦隊指揮官得對於中立國軍艦許可駛入駛出封鎖港。

第三節　封鎖之侵破

(一)封鎖侵破者。知有封鎖事實而欲出入封鎖地域之行爲也。而封鎖之有效成立。卽爲封鎖侵破之第一成立條件。封鎖之有效成立。見前節。

(二)現實上推定上知有封鎖事實。爲封鎖侵破之第二成立要件，蓋封鎖侵破行爲自交戰國國內法觀之。有類犯罪，故其成立要有惡意也。據法國主義在出港封鎖，無須各別通知封鎖事實於各船舶。在入港封鎖。則由外部接近封鎖港之船。非曾經封鎖艦隊通知封鎖事實而圖通過封鎖線者。不得作爲封鎖侵破而拿捕之。然在英美日諸國。則入港封鎖亦無須各別通知。以受有封鎖之現實通知或認定通知（Actual Notice or Constructive Notice）爲已知。受有現實通知者，船長受交戰國軍艦之直接警告或依其他公私通信明知封鎖之存在。是受有認定通知者，如(一)封鎖成立之通知送達船舶所屬國之相當官憲。且由該官憲傳達於己國居民，已經充分期間。則不問是否確經傳達。認定爲船長已受封鎖之通知。(二)封鎖事實一般發表後認定爲船長已受封鎖之通知是也。倫敦宣言規定拿捕封鎖侵破之中立船。須該船舶現實上推定上知有封鎖事實。是原則上採英美主義也。對於中立國既有封鎖之一般通知後。經相當期間。船舶始出發該國之港者。推定爲知有封鎖事實者。但許反證。倫敦宣言必要封鎖艦隊之各別通知者。限於入港封鎖侵破時接近封鎖地域之船舶不知封鎖之存在或不得推定爲已知封鎖之存在耳。此項通知，須將時日並當時該船舶地理上之位置記入船舶書類。至於出港封鎖侵破。如因封鎖艦隊指揮官怠慢，未將封鎖宣言通知地方官憲，或其所通知之宣言不規定退去猶豫期間。則欲駛出封鎖港之中立船，有越過封鎖線之自由。

(三)船舶侵封鎖艦隊之監視而出入封鎖地域，是爲封鎖侵破之第三成立要件。據英美主義，在入港封鎖侵破。受封鎖之現實或認定通知之船舶而通過或意圖通過封鎖線侵入封鎖區域者。以封鎖港爲到達港而航行者。在封鎖區域外轉載貨物於他船使之通過或意圖使之通過封鎖線而輸送於封鎖區域內者。均爲封鎖侵破。在出港封鎖侵破亦然。船舶脫出或意圖脫出封鎖區域者及在封鎖區域外從出港封鎖侵破船轉載或意圖轉載貨物者。均爲出港封鎖侵破。倫敦宣言關於此點無明文規定。

關於入港封鎖侵破因天候險惡食料品缺乏船舶修理之必要等而入封鎖港。從來不認爲封鎖侵破據英國慣例因(一)船長酩酊(二)海岸不明瞭(三)羅針盤遺失(四)入港目的不在通商交通而在得領港人或食料品(五)欲知封鎖之有否解除等而入港。不足爲封鎖侵破而徘徊封鎖線附近之船舶可認定爲意圖入港者。倫敦宣言則於不許船舶入封鎖港之原則認有設一例外之必要中立船舶遭遇海難。經封鎖艦隊之官憲認定。則可駛入封鎖區域所謂海難。包含食料品缺乏飲料水缺乏船舶卽時修理之必要等。但封鎖艦隊得與以必要之救助而禁其入港。此項船舶如欲再出港。以不得裝卸貨物爲條件。

關於出港封鎖侵破封鎖施行時在封鎖地域之船舶搭載貨物而出港。是否爲封鎖侵破。據英美主義貨物在封鎖施行前裝入者。不成封鎖侵破但不許於封鎖施行後搭載貨物。新搭載貨物而出港者。成爲封鎖侵破。據法國主義。在猶豫期內新搭載貨物出港者。不成封鎖侵破。倫敦宣言止規定封鎖施行時應與以出港猶豫期間。而於封鎖施行後搭載貨物。無禁止明文。

（四）欲出入封鎖地域而入封鎖艦隊之行動區域。爲封鎖侵破之第四成立要件。據英美主義。封鎖侵破不置重於封鎖線之通過。而置重於與被禁止場所之交通。其在入港封鎖侵破。不獨通過或意圖通過封鎖艦隊之監視線者爲封鎖侵破。卽以封鎖港爲實際到達港而航行。僅着手與被禁止場所交通。亦爲封鎖侵破。雖封鎖艦隊以外之軍艦亦可拿捕之。此大陸學者之所稱爲預防權（Droit de Prévention）也。但有船長希冀封鎖解除而向不封鎖港探聽消息。封鎖如不解除。則變更到達地者。此際船舶雖以封鎖港爲到達地。而情有可原。不得作爲封鎖侵破而拿捕之。其在出港封鎖侵破。船舶脫出封鎖艦隊之監視線後抵到達港以前。認爲繼續封鎖侵破。苟封鎖有效存在。則於其航海中可由封鎖艦隊以外之軍艦拿捕之。此大陸學者之所稱爲廣義追躡權（Droit de Suite Sensu lato）也。據法國主義。入港封鎖侵破出港封鎖侵破均依通過或意圖通過封鎖線而成立。侵破封鎖之船舶。止可由封鎖艦隊之軍艦拿捕。一入中立領域。即不得追躡。然倫敦宣言折衷二主義。規定非入封鎖艦隊之行動區域。不得作爲封鎖侵破而拿捕之。所謂封鎖艦隊之行動區域。係事實問題。當隨事判斷。而倫敦委員會之解釋如次。

(1)行動區域爲封鎖艦隊監視區域之全體。爲有效維持封鎖計。從地勢而定。

(2)行動區域與封鎖有實效一端有密切關係。又與軍艦隻數亦有密切關係。

(3)行動區域隨事情艦數而廣狹不一。但常爲確有實效之條件所限制。

(4)行動區域之限制。不能依一定不動之哩數而定。猶封鎖之確定有效。不能依一定之艦數而定。

(5)行動區域有範圍甚廣者。然爲艦數所左右。又爲實效條件所限制。故遠如預期封鎖變更而向封鎖港航行之船舶所在之海面。不在行動區域之內。

船舶入封鎖艦隊之行動區域而非欲出入封鎖港者。不得作爲封鎖侵破而拿捕之。自不待論。

倫敦宣言原則上限於封鎖區域內拿捕封鎖侵破船。然亦有一例外。認狹義之追躡權。卽侵封鎖艦隊之監視而欲出入封鎖港之船舶。如經封鎖艦隊之軍艦發見。繼續追躡。假令出行動區域。亦得拿捕之。但追躡旣止及封鎖解除。則不得拿捕。

關於入港封鎖侵破。尙有一問題。表面以封鎖港以外之港爲到達港而實則欲入封鎖港。固可以封鎖侵破論。但如以封鎖港以外之港爲實際到達港而航行。而其載貨則由他船運往封鎖港。當如何處置。美國南北戰役。曾適用連續輸送主義。以爲第一航海已成立封鎖侵破。如船長及船主不知情。則沒收貨物而不沒收船舶。倫敦宣言不認連續輸送主義。故船舶向不封鎖港航行。則不論船貨最後目的地如何。拿捕無充分理由。

第四節　封鎖侵破之結果

現行封鎖侵破之船舶可拿捕之是公認之原則也惟關於現行時期之長短有議論。據英美主義。始於向封鎖港出發時。終於出封鎖港而抵目的地時。據法國主義。限於通過或意圖通過封鎖線時。關於封鎖侵破船之拿捕惟認狹義之追躡權。倫敦宣言則限於在封鎖艦隊之行動區域內認有侵破之現行。又侵破船之拿捕止認狹義之追躡權。

關於封鎖侵破之制裁。據法國主義。沒收侵破船及載貨。據英美主義。侵破船及不能證明貨主不知情之載貨沒收之。

關於封鎖侵破船之船員。古時視爲罪人。待爲俘虜。今日則不得作罪人俘虜待遇。惟因爲證人之必要得拘留之耳。

第五節　封鎖之終止

封鎖依左之事情而終止。

（一）戰爭狀態停止或封鎖地域占領　戰爭狀態或依講和條約或依交戰國一方之合併而終止。則惟存在於戰爭狀態之封鎖。亦應終止。又封鎖地域歸封鎖艦隊所屬國占領。則關於該地域封鎖早已終止。封鎖效力不及於中立國船。

（二）封鎖之解除　封鎖艦隊解除封鎖。例將封鎖之終止通知各中立海國。倫敦宣言以通知一切中立國政府及封鎖地域之地方官憲爲封鎖施行國之義務。縮小封鎖之範圍亦然。

（三）封鎖實效之終止　可分三端說明之。

（1）封鎖艦隊爲敵逐出封鎖地域　此時不問封鎖艦隊有再歸封鎖地域之意思與否。封鎖當然終止。若封鎖艦隊歸而再行封鎖。應重新爲宣言及通知。

（2）封鎖艦隊因無關封鎖之任務而離封鎖地域　美國南北戰役一八六一年合衆國政府軍那衣耶格拉船封鎖沙兒斯登。因別種任務離封鎖地域。五日後明奈索搭艦就封鎖地位。但封鎖無效。

（3）封鎖艦隊因有關封鎖之任務而離封鎖地域 例如追侵破船而離封鎖地域。此時封鎖是否仍不失效力。頗有議論。據英國主義。不失效。方倫敦宣言。除天候險惡外不認不可抗力。則（3）應解爲認封鎖失效也。

（四）封鎖艦隊對於各國船舶反平公平要件 許出入封鎖港船舶以外之船船亦許其出入。以至對於各國船舶有失公平。則封鎖可視爲失效。

第七章 軍事幫助

第一節 軍事幫助之性質

中立船舶爲一方交戰國輸送人或書信。學者以非中立行爲（Unneutral Service）交戰行爲（Belligerent Service）禁制輸送（Transport Interdit）類推的禁制品（Contrebande Paranalogie）准禁制品（Quasi- Contrebande）等名稱研究之。或謂人及書信之輸送。與戰時禁制品異其性質。戰時禁制品之輸送。非直接爲敵服務、若為敵輸送軍隊兵士或有關戰爭之書信、是直接為敵服務、其與一方交戰國之關係、自較禁制品之輸送為深、故宜名為非中立行為或禁制輸送、以示與禁制品輸送有別。雖然、禁制品之輸送有時因其輸送方法而可使屬於非中立行為者。而人或書信之輸送、亦有時因其輸送之方法而與禁制品之輸送相似。不可僅憑輸送之目的物為人或書信與否而立劃然之區別。倫敦宣言不用非中立行為或禁制輸送之名稱而定為軍事幫助、凡人或書信之輸送。情報之傳達。敵對行為之參加等中立船舶為一方交戰國所為之一切幫助、均包含在內。固不僅人或書信之輸送一端已也。

第二節　軍事幫助之種類

此可分為敵人之輸送情報之傳達及其他之軍事幫助三類。茲分別說明之。

第一　敵人之輸送

據現行國際習慣法。輸送編入敵軍之人員。將來編入敵軍之個人。敵國之顯要文官。敵國之代理人等。均認爲非中立行爲。例如敵國元首或內閣大臣欲免被俘獲而去國。中立船許其搭乘。卽爲非中立行爲。爲敵募公債而赴外國者。中立船許其搭乘。亦爲非中立行爲。但中立船許敵人搭乘。不得卽謂爲敵服務。設非船主船長知搭乘者之資格而輸送之。不得謂爲敵服務。反之船舶爲敵所租用。直接輸送敵人。則顯可謂爲敵服務矣。例如有若干人蓄意投敵軍。各自購船票。則該船不可認爲有非中立行爲。但如敵國政府之代理人公然爲此輩購船票。則該船可視爲有非中立行爲。又敵國元首圖遁。化名購船票。則該船不得視爲有非中立行爲。但如該船知其爲何人而輸送之。則可視爲有非中立行爲。至於敵國代理人直接租用之船。則顯然爲有非中立行爲。中立船爲敵國政府所租用。或受其實際之支配。假令臨檢之際。不載敵國軍人或其他服務敵國之人。亦認爲有非中立行爲。凡有非中立行爲之船舶沒收之。船主之載貨亦然。中立船舶知情而許敵人搭載。習慣法上認爲有非中立行爲。有如前述。於是有一例外。輸送敵國派往中立國之外交使節。不可以非中立行爲論。脫倫脫號事件。卽其明證也。

倫敦宣言關於敵人之輸送。分別規定如左。

(一)中立船現在專事輸送敵國軍隊。則應行沒收。且應受敵國商船所受之處分。

(二)輸送敵人之中立船。全部爲敵國政府所租用。則應行沒收。且應受敵國商船所受之處分。

(三)輸送敵人之中立船。受該船內敵國代理人之命令或監督。則應行沒收。且應受敵國商船所受之處分。

(四)中立船特爲輸送編入敵軍之人員而航海。則應行沒收。且應與輸送禁制品之中立船同科。

(五)船主船長租船人知情而輸送敵軍之一部。則船舶應行沒收。且應與輸送禁制品之中立船同科。

（六）船主船長租船人知情而輸送航海中直接幫助敵之作戰行動者。則船舶應行沒收。且應與輸送禁制品之中立船同科。

關於敵人之輸送。倫敦宣言有可注意者三點。其一分軍事幫助爲二種。事情重者中立船之處分與敵國商船同。事情輕者中立船之處分與輸送禁制品之中立船同。其二非輸送編入敵軍者。不認爲軍事幫助。故預備後備人員之輸送不構成軍事幫助。其三編入敵軍之人員在中立船內時。卽令船舶不得拿捕。亦得認爲俘虜是也。

第二　情報之傳達

據現行習慣法。中立船爲敵輸送政治書信。尤其是軍事書信。則交戰國可罰之。但中立船載有敵方受發之政治書信。不得卽視該船爲爲敵傳達該書信者。設非船舶關係人知書信之性質。或船舶直接爲敵所租用傳達書信。則不得視爲爲敵輸送者。凡爲敵輸送書信之中立船沒收之。船主之載貨亦然。

爲敵輸送書信者罰之。爲現行習慣法上之原則。有如前述。但有例外。(一)爲外交書信。中立國政府有與雙方交戰國政府交通之權。故敵國政府致中立國政府之書信或中立國政府致敵國政府之書信。如中立船輸送之。不受罰。又敵國政府致函於其駐劄中立國之外交使節或領事。或敵國駐劄中立國之外交使節或領事致函於其本國政府。中立船輸送此項函件。亦不受罰。(二)爲郵信。敵之公私郵信均屬不可侵。故中立船所載之郵件中。卽令有爲敵通信之書信。不認爲軍事幫助。

倫敦宣言規定中立船爲敵傳達情報。則爲軍事幫助。所謂傳達情報。倫敦宣言雖無界說。而解釋上以書面口頭信號無線電傳達者。均可包含在內。倫敦宣言關於情報之傳達。分軍事幫助爲二類如次。

(一)現在專事爲敵傳達情報之中立船。應行沒收。且應受敵國商船所受之處分。

(二)特以爲敵傳達情報之目的而航海之中立船。應行沒收。且應與輸送禁制品之中立船同科。

第三　其他軍事幫助

據從來之習慣法。中立船直接參加敵對行爲或全部爲敵國政府所租用。則不得主張中立船之利益。惟中立船實際上立於敵國政府權力之下者。無明確之慣例。

倫敦宣言規定此類軍事幫助如次。

中立船直接參加敵對行爲。或全部爲敵國政府所租用。或受該船內敵國代理人之命令或監督。則船舶應行沒收。且應受敵國商船所受之處分。

第三節　軍事幫助之結果

臨檢搜索中立船而知其有軍事幫助之事實。或有軍事幫助之重大嫌疑。則可拿捕之。拿捕限於在公海或交戰國領海行之。

拿捕軍事幫助之船舶。原則上須該船在軍事幫助之現行中。或爲軍事幫助後即被追躡之際。故編入敵軍之個人。輸送既終。特爲傳達情報之航海已畢。敵軍一部或航海中直接幫助敵之作戰行動者登岸之後。敵國政府之代理人離船之後。均不得拿捕。但直接參加敵對行爲之中立船。照倫敦宣言之趣意。非現行之際亦可拿捕之。

據從來之慣例。中立船爲敵輸送人或書信而被拿捕。可沒收之。且據英國之慣例。船主之載貨亦可沒收。即令船舶不得沒收。既被拿捕。則俘獲敵人沒收書信。但不拿捕船舶。則該船內編入敵軍之個人。不得認爲俘虜。例如脫倫脫號事件。美國政府釋放南部諸州之代表職是故也。

據倫敦宣言。軍事幫助之船舶。可沒收之。船主之載貨亦然。即令中立船不得拿捕，該船內編入敵軍之個人。可俘虜之。故船舶依平素之航線輸送編入敵軍之個人。或不知開戰事實而輸送敵軍之一部，亦可扣留該個人或軍人。此點雖與現行實例不合。而於紅十字條約原則適用於海戰之海牙條約中確有相同之規定。又關於該船內之書信。如有自衛上之必要。可扣留船舶，如該書信非郵信之一部分。則可沒收之。倫敦宣言雖無明文規定。而類推解釋該宣言第四十七條結果必然如此。

中立船爲軍事幫助。則沒收之。因有法律上所謂惡意也。倫敦宣言定爲應受敵國商船所受之處分者四種。(一)中立船直接參加敵對行爲。(二)受敵國政府代理人之命令或監督。(三)全部爲敵國政府所租用。(四)現在專事敵軍之輸送或爲敵傳達情報。即此四者認爲常有惡意。故開戰之際。雖有軍事幫助之形跡。而不以軍事幫助論。如船舶未知開戰事實。或知開戰事實而不及使所載之人員登岸。是即船舶在開戰後駛出敵港。或對於中立港所屬國已通知開戰經相當期間。船船駛出該港。則此項船舶視爲已知交戰狀態之成立者。

倫敦宣言規定軍事幫助之船舶悉可沒收。但又分別辦理。前述之四者。概應受敵國商船所受之處分。蓋事情重大。特重罰之也。而其結果如次。

（一）船中貨物推定爲敵貨。

（二）船中敵貨可沒收。

（三）倫敦宣言中關於中立船破壞限制之規定不適用之。

（四）船主得控訴交戰國捕獲審檢所之檢定於國際捕獲審檢所者。僅限於船舶是否已爲應受敵國商船所受之處分之軍事幫助。

（五）關於船員。準用海牙捕獲權行使限制條約中關於敵國商船俘虜之規定。

倫敦宣言規定此外軍事幫助之船舶應與輸送禁制品之中立船同科。故中立船不失中立性。而其結果如次。

（一）船中貨物不推定爲敵貨。

(二)船中敵貨不沒收。

(三)船舶須引致捕獲審檢所。如不能引致則須釋放適用倫敦宣言中關於中立船破壞限制之規定。

(四)船主得控訴交戰國捕獲審檢所之檢定於國際捕獲審檢所。

(五)關於船員不準用海牙捕獲權行使限制條約中關於船員俘虜之規定。

第八章 中立船之臨檢拿捕審檢

第一節 臨檢

臨檢權

交戰者可檢查船舶之有無中立性以及有無禁制品輸送軍事幫助封鎖侵破等行爲。是謂臨檢權包含命令停船、狹義臨檢、船中搜索等權。

臨檢權惟交戰國之軍艦有之捕獲免許私船原亦有此權。自巴里宣言後此項船舶已歸廢止。

臨檢權惟行於交戰狀態存在之時。戰前戰後不得行之。休戰中可否臨檢，不無問題。但休戰不外乎中止交戰者間之作戰行動，非使戰爭狀態終止者。故休戰中亦可臨檢中立船。

臨檢權惟行於交戰國之領海及公海。不得行於中立國之領海。有時交戰國於距戰場甚遠之地不行使臨檢權

臨檢權不可施諸中立國之軍艦，對於中立國之軍用公船亦然。中立國之非軍用公船是否可臨檢。雖有疑問，而理論上應與軍艦一體辦理，但中立郵船不在此例。

臨檢免除

中立商船受本國軍艦之護送。交戰國是否可臨檢之。確爲一問題。十七世紀中英國與和蘭戰爭。瑞典主張中立商船經本國軍艦護送。如該艦指揮官證言被護

送船中無戰時禁制品則交戰者不得臨檢此項商船。一七五六年和蘭主張中立國有護送其商船之權。至十八世紀末。中立國之護送權。爲大陸諸國所主張。第一武裝中立同盟迄第二武裝中立同盟。俄與普丹瑞典法美諸國間訂約承認護送權。然英國素否認此權。入十九世紀。多數國家承認護送權。而英國依然否認之。且護送艦抵抗臨檢。假令所護送之商船不抵抗。尚視爲抵抗者。可拿捕沒收之。倫敦宣言則認中立國之護送權。凡受本國軍艦護送之中立船。免除臨檢。但護送艦之指揮官。經交戰國軍艦指揮官之請求。應將所護送船之性質及載貨可依臨檢而得之情報以書面通知之。如交戰國軍艦指揮官疑護送艦受欺。應將嫌疑之意通知護送艦指揮官。此時護送艦指揮官應行檢證。並將檢證結果作成報告書交付交戰國軍艦士官。如護送艦指揮官依檢證事實認有交戰國軍艦應該拿捕其所護送船之事實。則應撤回護送之保證。

臨檢手續

凡臨檢中立船軍艦應先命中立船停船。揭揚國旗。交戰國軍艦追逐船舶之際。可不示其眞國旗。但命中立船停船之際。須揭揚眞國旗命令停船之方法。則揚信號旗。鳴汽笛。懸白燈（夜間）如中立船不應則連發空礮二發。遇有必要向船首前方發實彈。如尙不停船先礮擊船舶之檣桁。最後礮擊船體。船舶旣停軍艦停於相當之距離。艦長派臨檢士官帶同補助員乘小舟至船舶。遇有必要。亦可帶同小舟人員臨檢。（狹義之臨檢）

臨檢士官得索閱船舶文書。依船舶文書之閱覽及船舶之職員船員之應對可知（一）船舶之國籍及其公私資格（二）載貨及乘客之性質（三）出發地寄泊地到著地。此卽狹義之臨檢也。如此臨檢之結果。如無國際法上應加制裁之行爲。或無此項行爲之嫌疑。則臨檢士官應將臨檢事實（如臨檢日時臨檢場所軍艦艦名艦長姓名臨檢士官姓名）記入航海記事簿。以艦長之命令解放之。如顯有國際法上應加制裁之行爲。卽可拿捕之。如僅有嫌疑。則可搜索船舶。

船舶之搜索。應會同船長或其代理人爲之搜索之際、務宜注意。不可損害船舶及載貨、閉鎖之場所器具或載貨。可使船長或其代理人開之。如船長拒絕、不得强之。但船長不允援助船舶全體之搜索。或不允援助搜索閉鎖之場所及器具。已有嫌疑。可謂有拿捕船舶之充分理由。搜索既畢。應將移置之物歸回原處。搜索之結果。如臨檢士官認爲嫌疑消釋。不可拿捕、則應以艦長之命令解放之。但應將臨檢搜索事實記入船舶之航海記事簿。

臨檢結果

臨檢搜索之結果。如顯有國際法上應加制裁之行爲。或有此項行爲之重大嫌疑。則軍艦艦長應命臨檢士官聽船長之辯明、如該辯明理由不充分、認爲尚可拿捕。則拿捕之、送致己國港、但既送致己國港後、如確無國際法上應加制裁之行爲。則非有辯護拿捕之正當事由、拿捕者對於船舶之損失、應負賠償之責。故海上搜索之結果。如顯無國際法上應加制裁之行爲、非有重大之嫌疑、恒解放船舶、

第二節　拿捕

拿捕權

中立船顯有國際法上應加制裁之行爲。或有此項行爲之重大嫌疑。而更有充分檢查之必要。則交戰者可拿捕之。且船舶有重大嫌疑。則捕獲審檢所假令不發見可以沒收船舶或載貨之事由。仍得宣告拿捕之正當。是謂拿捕權。

被拿捕船

凡以强力抵抗臨檢權之中立船。可拿捕沒收之。例如不遵交戰國軍艦之停船命令。以强力防禦。以强力拒絕臨檢士官之登船。以强力妨礙臨檢士官之臨檢搜索等。是此項船舶之載貨。與敵船內之載貨同科。船長船主之載貨。視爲敵貨。中立國商船依敵艦護送而航海者亦然。

中立船圖免臨檢而遁走。與抵抗臨檢之船舶不同。現今之學說慣例。均以爲不得單以遁走之故而拿捕沒收之。倫敦宣言亦然。但交戰國得追躡之以强力命其停船。該船如因此受損或沈沒。不得請求賠償。如以强力命其停船後臨檢結果。顯有國際法上應加制裁之行爲。固可拿捕沒收。否則應行解放。

船舶不備船舶文書。依臨檢而不能消釋嫌疑。則可拿捕之。然除不能提示船舶國籍證書外不得單因欠缺船舶文書而沒收之。但此項船舶之載貨亦有嫌疑。或別有增疑之情況。捕獲審檢所認爲有國際法上應加制裁之行爲。則得沒收之。倫敦宣言關於此項船舶無明文規定。

船舶當臨檢之際。拋棄破毀隱匿船舶文書。則嫌疑重大。不拘載貨及其他之事情如何。卽可以此理由拿捕之。此項船舶卽令不得單以拋棄破毀隱匿船舶文書之故而沒收。如別有增疑之情狀。捕獲審檢所認爲有國際法上應加制裁之行爲。則得沒收之。倫敦宣言關於此類船舶無明文規定。

船舶有二重船舶文書或有變造僞造之船舶文書。則嫌疑重大。卽可拿捕之。至拿捕以外之結果。則慣例不一致。或單以此故卽可沒收。（俄國及西班牙）或此類文書顯爲欺矇交戰者而存在。始可沒收。（英國及美國）或用虛僞方法搭載戰時禁制品之船舶及其所有者之載貨沒收之。（日本）倫敦宣言關於此項船舶亦無明文規定。

拿捕結果

中立船拿捕之方法。與敵船拿捕無異。至拿捕之結果則否。此蓋拿捕之目的不同所致也。敵船之拿捕。概爲收押海上敵性財產。禁止敵船使用海洋。而中立船之拿捕。爲防止有害交戰國之行爲而制裁之。此項制裁。概爲船舶或載貨之沒收。捕獲審檢所參照各項事情後宣告之船舶之職員及船員。原則上不爲俘虜。應行釋放。惟爲審檢船舶及載貨時之證人則得扣留之。乘客除可爲俘虜之敵人外非有爲證人之必要。概不拘留。且務速令其於就近之港登岸。

中立船之破壞

被拿捕之中立船。原則上不得破壞。須送致審檢港審檢。但如有不能送致審檢港之事情。則得破壞之。倫敦宣言特明文規定曰。如將所拿捕之中立船送致審檢港。有害軍艦之安全。或其作戰行動之成效。假定該船送致審檢所。必被沒收。則得破壞之。然破壞者有如左之責任。

(一)破壞之際。應將船內一切人員移於安全場所。凡利害關係人所認爲檢定拿捕所必須之船舶文書及其他文件。悉應轉載於軍艦。

(二)拿捕者應辯明審檢以前不得不破壞中立船之事實。如不辯明。則不必審問拿捕之有效與否。該拿捕者對於利害關係人有賠償之義務。

(三)卽令辯明破壞正當。其後檢定該船之拿捕無效。則利害關係人有索還船舶之權利。該拿捕者應有賠償之義務。

(四)不可沒收之中立貨。與船舶共破壞。則貨主有受償權。

(五)不可沒收之船舶。如送致審檢港。亦有害軍艦之安全或其作戰行動之成效則拿捕者可要求引渡貨物或破壞之適用(一)(二)之規定。

第三節　審檢

捕獲審檢所

國際法上交戰國在一定事情之下有拿捕中立船之權利。並有將此等船舶付捕獲審檢所審檢之義務。雖然捕獲審檢所係交戰國之機關。故其審檢屬於國內事項而不屬於國際事項。船舶本國之中立國。不代表於審檢所與審檢無直接關係。又捕獲審檢所所適用之法規。多數學者謂爲國際法規。其實非國際法規。乃遵據國際法之國內法規。審檢所之檢定。反乎國際法規則爲其所屬國之國際法違反。不免與中立國間發生紛議。故立法家務宜不作違反國際法規之法令。並宜命審檢所推定有適於國際法之國內不文法而適用之。而審檢所亦非有不得已之事情務避發生國際法違反結果之檢定。顧國際法上頗有原則不一定者。以致各交戰國之捕獲審檢所之檢定異其主義。（例如戰時禁制品之種類封鎖侵破船之拿捕區域船舶及海上貨物之敵性等事項）且一國雖命審檢所遵據國際法規。而實則命其推定有適合國際法規之國內不文法而適用之耳。故如國家關於特定事項制定事實上不適合國際法規之法令。則捕獲審檢所固應適用之。

國際捕獲審檢所

交戰國之審檢所。不足保護中立國之利益。於是有設立國際捕獲審檢所之議。十八世紀中葉。余白那曾主張捕獲審檢所應以交戰國之法官及中立船本國之領事或委員組織之。一八七五年萬國國際法學會研究之。有威司來克案及勃魯梅林案。前者以有關特定捕獲事件之交戰國中立國及無關該事件之中立國各出法官一名組織高等捕獲審檢所。不服交戰國審檢所之檢定者控訴於此。後者則一切捕獲審檢悉使國際組織之審檢所檢定。交戰國止得預審設始審及控訴二審檢所。均以雙方交戰國各出一名並一切中立國出一名組織之萬國國際法學會一八八七年議決各交戰國設立法官五人之控訴審檢所。所長及檢定官一人。交戰國任命之。其他三人三中立國指定之。第二次和平會議始成一國際捕獲審檢所設立條約案。據該案。捕獲審檢原則上先由拿捕國之審檢所行之。如其檢定(一)關於中立國或中立人之財產。(二)關於敵之財產而(A)該財產搭載於中立船者。或(B)敵船在中立領海內被拿捕。該中立國不依外交手續要求者。或(C)因捕獲違反兩交戰國間之條約或捕獲國之法令而有所請求者。認為事實上法律上不適當。則得控訴於國際捕獲審檢所。能訴於國際捕獲審檢所者。以中立國及中立人為主。限於(二)之(A)(C)敵之私人亦得為之。國際捕獲審檢所有永久組織、締盟諸國任命法官及預備法官各一名。其中十五名定為執行職務之法官。開庭以九名為法定人數。締盟國中德美奧匈法英意俄日諸國所任命之法官為常任法官。其他各國所任命之法官。依條約案附屬表所定。輪流執行職務。但交戰國可不顧輪值。請求以其所任命之法官審檢因戰爭而發生之一切事件。

國際捕獲審檢所之組織。原爲保護中立國之利益。用意非不美。然交戰國捕獲審檢所依國內法所爲之檢定。如許國際捕獲審檢所依國際法破壞之。則理論上實際上均屬不妥。此所以條約雖經多數國家之簽字而迄未得批准也。

審檢之結果

被拿捕之中立船。經審檢之後。發生如次之結果。(一)解放。(二)沒收。卽中立船確無國際法上可加制裁之行爲。則解放之。否則沒收之也。惟解放中立船時。如拿捕無充分之理由。利害關係人得請求賠償因拿捕而生之損害。

——完——

年　月　日

質疑者姓名　通訊處

質疑規則
(1)每紙祗得寫一疑問，并應照式塡寫。
(2)塡寫須用墨筆楷書，否則不覆。

質疑	
戰時國際公法　第　頁第　行	

戰時國際公法質疑紙

戰時國際公法質疑紙

解答

解答第　　號

解答人簽名

大東書局法律函授學社　社長

教務主幹

年　　月　　日

質疑者姓名　　通訊處

質疑規則

（1）每紙祇得寫一疑問，并應照式填寫。

（2）填寫須用墨筆楷書，否則不覆。

質　疑
戰時國際公法　　第　　頁第　　行

戰時國際公法質疑紙

戰時國際公法質疑紙

解答

解答人簽名

解答第　號

大東書局法律函授學社
社長
教務主幹

質疑規則
(1)每紙祗得寫一疑問，幷應照式填寫。
(2)填寫須用墨筆楷書，否則不覆。

年　　月　　日

質疑者姓名

通訊處

質　　疑

戰時國際公法　第　　頁第　　行

戰時國際公法質疑紙

戰時國際公法質疑紙

解答

解答第　　號

解答人簽名

大東書局法律函授學社社長
教務主幹

中華民國二十年十月初版

戰時國際公法（全一册）

△（定價實洋一元）

（外埠酌加郵費匯費）

編著者　鄭允恭

主編者　汪翰章

鑒定人　石頫

發行人　沈駿聲　上海北福建路二號

總發行所　大東書局　上海四馬路九十九號

印刷所　大東書局　上海北福建路二號

發行所　上海四馬路　暨各省　大東書局